A caro amigo

com votos de paz.

/ /

CB123689

Marlene Saes

Romance

Insensatos Corações

Pelo espírito

Luizinho

Insensatos Corações

Copyright© Intelítera Editora

Editor: *Luiz Saegusa*
Assistente Editorial: *Cláudia Saegusa*
Capa: *Thamara Fraga*
Projeto gráfico e diagramação: *Gerson Reis e Pedro Japiassu Reis*
Estúdio Japiassu Reis
Revisão: *Rosemarie Giudilli Cordioli*
1ª Edição - 1ª Reimpressão: *2011*
Impresso no Brasil *Printed in Brazil*

InteLítera EDITORA

Rua Lucrécia Maciel, 39– Vila Guarani
CEP 04314-130– São Paulo– SP
11 2369-5377
www.intelitera.com.br

@intelitera facebook.com/intelitera

Dados Internacionais de Catalogação na Publicação (CIP)
(Câmara Brasileira do Livro, SP, Brasil)

Luizinho (Espírito).
Insensatos corações / espírito Luizinho ; psicógrafo Maria Elena Fernandes Saes. -- São Paulo : Intelítera Editora, 2011.

1. Espiritismo 2. Psicografia 3. Romance espírita I. Saes, Maria Elena Fernandes. II. Título.

11-08284 CDD-133.9

Índices para catálogo sistemático:

1. Romance espírita : Espiritismo 133.9

ISBN 978-85-63808-13-4

Marlene Saes

Romance

Insensatos Corações

Pelo espírito

Luizinho

InteLítera Editora

Sumário

Agradecimentos

Nenhum ideal seria concretizado, se não houvesse as bênçãos de Deus, apontando os caminhos para nossas realizações.

Não conheceríamos a felicidade, se não houvesse a união da família, formando os laços do amor que unem espíritos em ascensão.

A vida seria incompleta, se não acontecesse o encontro de amigos sinceros, com quem se pode contar a qualquer hora.

Este primeiro livro é dedicado aos afetos queridos que nesta existência têm compartilhado conosco os momentos felizes e os menos alegres, os momentos de conquistas, de realizações, os momentos de saúde e de doença.

Agradecemos por fazer parte de nossa existência os filhos queridos, Cristiane, Gabriel Jr., Glauco e Suellen. Os netos amados, Gabrielle, Pedro, Maria Fernanda e Giovanna. As noras amadas, Katia e Letícia. O genro querido, Paulo. E, o agradecimento especial ao esposo Gabriel, por termos caminhado mais de quatro décadas pela estrada da vida, construindo nosso tesouro familiar. Não poderia faltar nossa gratidão à Isabel, colaboradora de nosso lar por muitos anos, que retorna agora à Espiritualidade.

Ao sempre querido amigo Antonio Demarchi, nossa gratidão pelo incentivo, pelo apoio dado a este novo desafio, fortalecendo nossa iniciativa de publicar este primeiro trabalho com esta história que relata a saga de espíritos em ascenção.

Ao amigo Luiz Saegusa, nosso agradecimento pela confiança depositada neste trabalho despretensioso, que tem como objetivo contribuir com a Doutrina Espírita, na medida que elucida os fatos diante das Leis de Ação e Reação.

Ao espírito iluminado Luizinho que, generosamente, orienta nossa atividade espiritual. Os mais sinceros e emocionados agradecimentos pela bondade, pela paciência, pelo amor com que nos conduz.

Obrigada a todos vocês por darem um colorido especial à minha vida.

Marlene Saes

Prefácio

A vida é um presente que Deus nos concedeu. Em algum momento em que se perdeu na noite dos milênios sem fim, o Criador em um instante de amor e sublime inspiração nos deu o sopro da vida e, por esta razão, existimos.

Assim, o ser humano em sua escalada evolutiva, rumo à perfeição, que é o destino de todos nós, perambulou nas longas sendas vivendo experiências dolorosas, para compreender o amor de Deus que Jesus, o Divino Amigo, veio nos exemplificar.

Sob o amparo de Deus caímos e nos levantamos, sorrimos e choramos, sofremos e aprendemos e a cada encarnação deixamos para trás os resquícios do primitivismo dos primórdios de nossa existência, galgando assim, degraus mais avançados da espiritualidade nas experiências e lições na grande escola da vida.

Nas mãos de Deus a Divina Providência tudo provê. O grande enigma da morte, a partida de entes amados, a saudade imorredoura que nos aflige e, enfim, o reencontro no seio do Senhor, porque em Deus, tudo se restabelece.

Jesus dizia: Edifica em ti o reino de Deus, porque o reino de Deus está em vossos corações. Então, a vida é a plenitude do ser humano que deveria viver com alegria e entusiasmo cada minuto de sua existência.

Enfim, poucas criaturas têm consciência do profundo significado da vida. Viver com alegria, ser apaixonado pela vida, fazer a vida valer a pena, enfeitar a vida, dar um colorido de paz, alegria e harmonia, poucas pessoas conseguem.

Existem pessoas que conseguem viver de uma maneira tão intensa, que deixam por onde passam um rastro luminoso imprimindo a marca de sua personalidade, de sua bondade, exemplo de luta, dedicação, devotamento, desprendimento, mesmo nos momentos mais difíceis em que decisões têm de ser tomadas.

O espírito atento observa as diferentes reações de cada um, que demonstra o estágio evolutivo conquistado: diante do obstáculo existem os que se abatem, enquanto outros se estimulam diante do desafio. Existem aqueles que diante da miséria passam ao largo, enquanto outros descem até ao chão para levantar os caídos. Existem aqueles que diante da dor se desesperam e blasfemam enquanto outros fazem da própria dor a oportunidade de servir e amar em nome do Cristo.

Existem aqueles que passam a existência envoltos em um emaranhado sem fim de problemas e sentimentos pequenos e mesquinhos diante da grandiosidade da vida. São passageiros desatentos que simplesmente não se dão conta, são levados pela vida, tais quais folhas caídas arrastadas pelo vento.

Existem aqueles que valorizam a vida, edificam a oportunidade, porque aprenderam a amar e a servir em nome do Cristo fazendo da vida uma grande festa de paz, harmonia e alegria que se renova a cada manhã, com o fulgor do sol que se levanta no horizonte.

Conhecemos muitas pessoas maravilhosas que nos deixaram exemplos dignificantes de vida, criaturas que souberam amar, exemplificar, servir e seguir em frente, sem olhar para trás à espera de louvores ou reconhecimento.

Uma destas pessoas que tivemos a honra de conhecer e juntos trabalharmos por longos anos é dona Marlene Saes.

Não é nossa pretensão declinar longo currículo de virtudes e conquistas de dona Marlene, no que tange ao aspecto de vida material ou espiritual. Apenas diremos que é uma criatura que sabe o valor da vida, pois foi na agonia pela perda de um ente querido que ela fez da própria dor a energia para seguir em frente empunhando o estandarte do amor de Jesus.

Uma mulher de muita fibra que não esmoreceu diante das maiores dificuldades contribuindo para a edificação de um mundo melhor. A obra assistencial do "A Caminho da Luz", dirigida pela incansável trabalhadora do bem, é simplesmente fantástica.

Quantas crianças, jovens e idosos foram e são beneficiados pelas obras assistenciais do "Nosso Lar" sempre acompanhados de perto pela diligente trabalhadora de Jesus que também não se esqueceu da importância do consolo que oferece a Doutrina dos Espíritos.

Dona Marlene é também uma incansável divulgadora da Doutrina, proferindo palestras incontáveis, além de programas radiofônicos, onde leva a cada criatura que a ouve a energia e a alegria de viver tão bem exemplificada por ela.

Em seu longo currículo de trabalho faltava apenas materializar em livros as lições e experiências em que dona Marlene tem sido a grande medianeira dos irmãos maiores da Espiritualidade.

Não falta mais. Acabamos de ler com emoção incontida as páginas inesquecíveis do belíssimo romance intitulado – INSENSATOS CORAÇÕES – obra que retrata exatamente o valor da vida, as experiências de existências múltiplas de espíritos que se amam, que se afligem e que adentram as teias da vingança e do ódio.

Com sua sensibilidade, dona Marlene psicografou este belíssimo romance demonstrando com uma didática clara e cristalina os mecanismos e a aplicação das leis divinas, relatando a saga de um grupo de espíritos, amigos e inimigos que se reencontram no torvelinho das reencarnações, amando e sofrendo as consequências de seus próprios atos, chegando ao final a grande lição: o mal é transitório, mas o bem é eterno.

É um romance consistente e emocionante que nos leva a meditar a respeito de nossa própria vida, o que estamos fazendo desta grande oportunidade, pois colhemos exatamente o que semeamos.

Quando convidados a prefaciar esta obra não nos sentimos merecedores, mas ficamos honrados e felizes com a oportunidade de expressar nosso reconhecimento a uma amiga muito querida, mas acima de tudo, uma trabalhadora do Cristo, incansável e valorosa.

Assim sendo, é com muita alegria que cumprimentamos

dona Marlene Saes por este belíssimo livro que irá contribuir e enriquecer ainda mais a literatura espírita, levando a tantas criaturas desejosas do conhecimento e do consolo que a Doutrina nos faculta.

É mais uma flor que nossa querida amiga planta em seu já imenso jardim de obras espalhadas pela vida. Certamente, a colheita será de maravilhosas flores perfumadas e coloridas a enfeitarem sua existência, em uma lição que nos mostra que viver com Cristo no coração vale a pena!

São Paulo, 14 de junho de 2011.

Antonio Demarchi

capítulo **1**

O início de uma grande jornada

Era uma fria manhã do mês de junho quando o ônibus veloz se dirigia à Capital de São Paulo, trazendo alguns corações esperançosos, outros aflitos, outros desanimados.

Entre eles se encontrava Mariana, pensativa, entregue em sombrios pensamentos, sentindo-se alguém desprezada pelo Criador, esquecida mesmo por aquele Deus que muitos diziam ser Pai de Amor.

No balanço do veículo, suas lembranças a reconduziam

ao passado ainda recente, e naquele momento, lágrimas de intensa dor desciam em seu rosto abatido. Estava só com seu sofrimento. Tinha a sensação de que o mundo a ignorava e, mesmo tendo uma família, sentia-se órfã.

Não era possível que este Deus que ela entendia ser justo e bom tivesse permitido que Antero, depois de tantos anos de namoro, tivesse se comportado com tanta frieza, com tanto desdém naquele momento de tamanha importância em suas vidas. O que faz uma pessoa se tornar insensível, contrariando suas próprias atitudes, seu próprio comportamento?

No momento em que ela comunicava que estava grávida, o seu coração vibrava de emoção, mas de imediato percebeu que a alegria era apenas sua, pois a reação de Antero fora inesperada, agressiva, assustadora. Sua decepção trouxe-lhe imensa tristeza, aliada à sensação de que não conhecia aquele homem, como imaginava.

Foi nesse estado de alma que chegou à sua casa. Esperava receber de seus pais o abrigo amoroso daqueles que tinham lhe dado a vida, e que recebiam dela o amor filial. Tinha plena convicção de que eles também iriam se indignar com a atitude de Antero, mas para sua surpresa eles também não aceitaram aquela gravidez. Seu pai demonstrou desagrado de forma contundente, e sua mãe apenas se calou. E, ela entendeu o silêncio de sua mãe como uma reprovação, acompanhando assim o pensamento de seu pai. Foi a noite mais triste de sua vida. As lágrimas, em abundância, fizeram com que a noite fosse longa e dolorosa, pois em poucas horas seu mundo de sonhos ruiu, como se uma verdadeira tempestade chegasse com força destruidora e levasse de roldão os seus mais belos ideais de felicidade.

Mariana estava desempregada, mas por ocasião do fechamento da empresa em que trabalhara por vários anos, recebera a indenização pelo tempo de trabalho, valor esse que guardara para, junto de Antero, programar a montagem do lar que os receberia após o casamento. Entretanto, agora aqueles recursos seriam utilizados para reorganizar sua vida diante dos atuais acontecimentos.

Depois de passar a noite em claro, sentiu que já não seria mais possível continuar vivendo naquela pequena cidade do interior de São Paulo, onde por certo seria alvo de comentários bastante desagradáveis. Era o final daquele ciclo, era o momento de mudanças que certamente a conduziriam para novos caminhos. Acabara de tomar a decisão de deixar a casa dos pais, e buscar novo rumo.

E assim, diante dessas lembranças tão recentes, quanto dolorosas, Mariana percebera que o ônibus chegava à Rodoviária do Tietê. Já conhecia aquele local, pois por algumas vezes viera à Capital para compras e passeios. Naquele dia a movimentação na Rodoviária era intensa, mas mesmo assim sentia-se solitária, como se não houvesse mais ninguém naquele ambiente. Seus pensamentos ainda giravam em torno dos motivos que a levavam a um local onde seria como que uma estrangeira à procura de oportunidades.

Trazia o endereço de dona Rosilda, tia de sua melhor amiga, que havia conhecido em uma das viagens a São Paulo, quando ambas vieram à Capital para fazer um curso, e ali se hospedaram. E, foi com todo cuidado que o retirou da bolsa para poder se informar como chegar àquele local, uma vez que já havia se passado algum tempo em que ali estivera. Estava insegura, mas buscava forças para dar seus primeiros passos em direção ao que havia escolhido para seu futuro.

Recebendo a indicação do bairro de Santa Cecilia, para lá se dirigiu com o coração apreensivo, pois mal conhecia aquela senhora que lhe causara boa impressão no encontro anterior. Ela nada sabia a respeito de dona Rosilda. Como seria recebida? Como seria o seu futuro naquela Capital que a todos atrai, mas também assusta. Como faria para sobreviver naquela cidade que chamavam "selva de pedra"?

E, nessa expectativa Mariana tocou a campainha. Passados alguns minutos surgiu uma simpática senhora, que de início não reconhecera a visitante, mas mesmo assim a convidou a entrar.

Após ter se apresentado e mencionado ser amiga de Judite, sobrinha de dona Rosilda, o semblante da bondosa anfitriã serenou, mostrando-se interessada em saber notícias de toda família. Em seguida, Mariana começou a relatar os fatos que a haviam trazido à Capital, não omitindo detalhe algum, pois naquele instante precisava desabafar, e precisava também confiar em alguém, até para sentir se encontraria amparo nessa nova vida que a aguardava. Abriu seu coração e com emoção e sinceridade Mariana relatou os fatos que tocaram profundamente os sentimentos de dona Rosilda.

Ao ouvir o drama de Mariana, a bondosa senhora a abraçou sorrindo, transmitindo carinho próprio das pessoas que já adquiriram experiência por meio de sofrimentos. Com delicadeza e cortesia a acolheu, oferecendo um lanche reforçado e uma xícara de café com leite, quentinho. Naquele instante Mariana sentiu o aconchego para o corpo e para a alma. Sentiu-se como uma criança que depois de se ver perdida, recobra sua serenidade e confiança, quando alguém lhe dá a mão.

Tia Rô, como era chamada pelos mais íntimos, percebera que aquela jovem precisaria de amparo, orientação e principalmente de amor, a fim de poder garantir a vinda daquele filho, que certamente iria mudar sua vida. Ela se recordou das imensas dificuldades que enfrentara em sua vida, das vezes em que precisou da ajuda de estranhos, e o quanto lutou para superar revezes ao longo de sua longa jornada.

E foi assim que a ajudou a procurar trabalho. A dificuldade era grande, apesar de Mariana ter cursado o Magistério, havia trabalhado apenas como secretária naquela empresa que fechara as portas em sua cidade. Sabia que agora poderia buscar a oportunidade de exercer sua profissão de professora, o que lhe dava grande alegria, porém, tinha consciência da dificuldade para buscar essa oportunidade. E, além do mais, na condição de gestante sabia que as dificuldades seriam ainda maiores.

capítulo 2

Em busca do primeiro emprego

Era mês de junho, já findando o primeiro semestre, mas quem sabe esse não seria o melhor momento para se conseguir uma vaga para o segundo semestre, afinal, seu nível de exigência era quase nenhum, pois o que importava agora era encontrar o seu primeiro emprego na cidade. Sua fé e esperança se renovavam em cada dia, mesmo diante de várias tentativas infrutíferas.

E, depois de buscas intensas, conseguiu ser admitida em uma Escola no bairro da Lapa. Haveria de fazer um bom trabalho!!! Lutaria muito para superar dificuldades, e assim, garantir a chegada do filhinho querido!!

A proprietária da Escola, a senhora Juliana, mesmo sabendo ser Mariana uma gestante não titubeou em lhe dar oportunidade de garantir o seu sustento. Sentiu por ela enorme carinho e, inexplicavelmente, teve a sensação de que a conhecia, mesmo sabendo que elas jamais tinham se encontrado nesta vida. Juliana tinha grande sensibilidade, e no primeiro contato com Mariana foi tocada por sentimentos de carinho tanto para com ela, quanto para o bebê que já estava a caminho.

Mariana iniciou suas atividades já em julho, no planejamento das aulas, e no mês de agosto com muita alegria recebia os alunos da 1º ano do ensino fundamental. O primeiro dia de aula foi maravilhoso, apesar da insegurança diante da nova jornada, mas a confiança em Jesus a fortaleceu, e a barreira do medo foi vencida. Ela agora podia perceber que tinha valores que até então desconhecia.

Desde sua chegada, Mariana teve dificuldades para adormecer. Seu sono não era tranquilo. Em algum momento da noite acordava trêmula, com a sensação de que não estava sozinha, mas nada via por mais que observasse tudo à sua volta. Lembrava-se que quando criança já havia tido pesadelos, e por várias vezes sua mãe precisava acalmá-la, fazendo orações, e até levá-la para dormir na cama junto de seus pais.

Em algumas vezes ela se via diante de enorme abismo e tinha a sensação de que lá embaixo havia alguém que, de alguma forma, fora parar naquele precipício. Mas, nunca via a pessoa em questão. Este sonho acontecia com certa frequência. Ela acordava com o coração descompassado e suando muito.

Chegou a pensar que a gravidez estivesse provocando distúrbios dessa natureza e decidiu, então, iniciar o pré-natal com urgência, e procurar imediatamente o auxílio de médicos para resolver aquela situação.

Na Escola, Mariana se afinou muito com Juliana, que dispensava tratamento cerimonioso, e diante daquela amizade sincera que nascia naquele momento marcante de sua vida, Mariana desenvolveu um sentimento de confiança e gratidão, que a aproximou muito de Juliana, a ponto de ela lhe confidenciar esses sonhos estranhos que vinham ocorrendo. Já não se sentia tão só, pois tinha a amizade sincera de tia Rô e também da diretora da Escola.

Juliana aconselhava Mariana a fazer preces pedindo proteção a Deus, para ela e o bebê. Isto já era feito, mas os pesadelos continuavam. Tia Rô estava ficando assustada, e não conseguia entender o que estava acontecendo. Insistia com Mariana que procurasse o pároco, pois algo deveria ser feito. Ela afirmava com muita convicção que mulher grávida precisava de muitas bênçãos, pois afinal era um "anjinho" que estava a caminho, e a água benta haveria de resolver tudo aquilo.

E assim, no domingo seguinte, tia Rô levava Mariana à missa. Estava certa de que depois da confissão e da comunhão tudo aquilo iria desaparecer. Ledo engano!!! Os sonhos eram agora mais constantes, e além de Mariana se ver à beira do abismo, agora ouvia alguém lhe dizendo: – Pule! Vamos, tenha coragem, veja o resultado de sua vingança!! Todas aquelas cenas a abalavam profundamente, e ela tinha a nítida sensação que de alguma forma havia uma forte ligação entre ela e aquelas vozes.

As penitências recomendadas em nada modificaram os sonhos assustadores. Tudo foi feito conforme as recomendações do pároco, os terços, as promessas, mas os resultados tardavam a aparecer...

Após uma noite tumultuada pelos pesadelos Mariana procurou Juliana, aflita:

– Amiga querida me ajude! Não estou suportando mais esses sonhos assustadores, e temo pelo bebê, pois fico apavorada andando pela casa com sensações terríveis!! Meu coração fica em descompasso, o medo que me invade faz com que minhas mãos fiquem geladas. Não sei mais o que fazer...

Juliana, calmamente, segurando as mãos de Mariana a confortou, trazendo esperança para resolver aquela situação ao dizer:

– Mariana, calma, eu estava reticente ao lhe falar deste assunto, pois não sei como seria a sua reação diante do convite que já queria lhe fazer algum tempo. Mas, agora chegou a hora.

– Frequento um Centro Espírita onde sei que casos semelhantes ao seu são comuns, e ali muitas pessoas encontraram paz e serenidade, diante de situações dolorosas que traziam. Você gostaria de conhecer?

Mariana nunca havia entrado em um Centro Espírita, aliás, sempre ouvira falar que "nesses lugares" aconteciam coisas assustadoras, como matança de animais, rituais, etc. Lembrou-se que certa vez ouvira sua mãe conversando com uma amiga a respeito do "perigo" que corriam algumas pessoas que se aventuravam a entrar em um lugar como este...

Mas, depois das informações trazidas por Juliana, ela se decidiu buscar auxílio. Precisaria, no entanto, informar a tia

Rô, pois não achava justo deixá-la à margem desse fato, uma vez que a bondosa senhora estava fazendo novenas, rezas, promessa para que aquelas "almas do outro mundo" a deixassem em paz. Chegando a casa, se apressou em informar tia Rô de que sua benfeitora, que ao contrário do que ela temia, prontificara-se a acompanhá-la ao Centro Espírita, caso fosse necessário.

Na quarta-feira seguinte Juliana acompanhou Mariana ao Centro Espírita, onde ela, sendo recebida com todo carinho por uma orientadora da Casa, passou pela Orientação Fraterna.

Relatando os acontecimentos Mariana se emocionava ao descrever os pesadelos, o mal-estar, o pânico que a assaltavam, deixando-a com medo, sempre que via a noite chegar. Procurou lembrar-se dos mínimos detalhes, pois entendia que a orientadora tinha de conhecer todos os fatos.

Recomendando a assistência espiritual, a frequência às palestras do evangelho, os passes, e o incentivo para que Mariana iniciasse a leitura diária de *O Evangelho Segundo o Espiritismo*, a orientadora a convidou para que ainda naquela noite recebesse o passe, momento em que Mariana sentiu enorme paz.

Com muita esperança Mariana retornou à sua moradia, relatando a tia Rô todos os acontecimentos daquela noite, inclusive que tinha um sentimento de que algo da maior importância iria acontecer, a partir daquele momento.

Aquela noite foi mais serena, entretanto, ainda algo estranho pairava no ar. Uma sensação um tanto desconfortável de que alguém a espionava continuava naquele ambiente. Mas, como foi orientada, entregou-se à prece com fervor e confiança. Estava mais confiante, mas mesmo assim o receio de adormecer ainda permanecia. De imediato, iniciou a leitura de *O*

Evangelho Segundo o Espiritismo, como foi recomendado.

Mariana decidiu que o compromisso de fazer a assistência espiritual estaria em primeiro lugar, assim como fazer a leitura do Evangelho, e não se descuidar da prece. Assim foram passando os meses, e sua gestação transcorria de maneira tranquila. Aparentemente, sua vida estava em rumo certo, mas, no fundo, ela ainda não estava segura de como as coisas seriam no futuro.

Foi aí que bateu aquela saudade de sua família, pois apenas algumas cartas haviam chegado por parte de seus pais, mas nenhuma que trouxesse notícia de Antero. Nas respostas às cartas ela também não perguntava. Ficava aquela dúvida a respeito de pedir ou não a ajuda da mãe na ocasião do nascimento de seu bebê. Ela sabia do respeito que sua mãe devotava a seu pai, e sabia também da opinião dele a respeito de tudo o que havia acontecido.

capítulo 3

A emoção do reencontro

Para sua surpresa, aproximadamente 15 dias antes do nascimento do bebê Mariana ouviu o toque da campainha. Ao ser aberta a porta, ela viu sua mãe com pequena mala, meio desapontada, cumprimentando tia Rô. Mariana correu ao encontro da mãezinha que amava apesar da grande tristeza pelo episódio vivido meses antes. Parecia que sua mãe viera chamada pelos seus pensamentos.

A emoção foi grande para ambas e até tia Rô disfarçava as lágrimas. Para surpresa de Mariana, sua mãe relatou como havia sofrido naqueles meses de separação, e somente nesse momento dona Aparecida teve coragem para contar à sua filha todo o drama que sempre vivera com o marido, quem sempre afirmava que se um dia acontecesse uma gravidez fora do casamento ele jamais aceitaria. Contou ainda que no momento em que Mariana os informou acerca da situação do rompimento com Antero, e os motivos ela ficou petrificada, sem ter coragem de demonstrar compreensão, pois temia a reação do Sr. Joaquim, pai de Mariana. Dona Aparecida conseguiu ter com a filha uma conversa que estava atrasada há muitos anos, mas, como a maioria das esposas de sua geração, a tendência era esconder dos filhos muitos assuntos que causavam tristeza e dor.

Assim, aquela noite foi curta para que Aparecida pudesse passar para Mariana todas as notícias que naqueles meses se constituíram nos assuntos da cidade. Recordações agradáveis até trouxeram à mãe e à filha momentos de risos e descontração. A saudade foi vencida por aquela aproximação afetuosa que reaproximou duas almas que tinham entre si um amor imenso.

Mas, a realidade rapidamente ocupou seu lugar naquelas vidas. Mariana, com semblante sério perguntou à sua mãe:

– Como foi que a senhora conseguiu vir até aqui? Tendo o meu pai a opinião que acabei de saber, penso que houve um rompimento entre vocês. Ou não? Mil pensamentos ocupavam a mente de Mariana.

Aparecida, com toda sua calma colocou a filha a par da situação da saúde de seu pai, dizendo:

– Filha, Deus escreve certo por linhas tortas, como sabemos, e há dois meses seu pai sentiu-se muito mal, e disse que teve a sensação de que iria morrer. Foi levado ao pronto-socorro, onde foi examinado, e foram solicitados muitos exames. Ao retornar ao médico, o diagnóstico foi uma insuficiência cardíaca considerável, além de ter sido descoberto também que ele já apresenta quadro de diabetes e hipertensão. Foram momentos bastante preocupantes em que eu me senti extremamente sozinha, mas não achava justo passar para você todos esses fatos, uma vez que você deixou nossa casa profundamente magoada com tudo o que aconteceu.

– A partir daí, ele se tornou ainda mais fechado, distante, e por algumas vezes eu o vi chorando. Procurei o médico para indagar se o quadro de doenças que ele apresentava poderia causar aquele estado emocional.

– O cardiologista, com muita calma, me informou que aquele sintoma era do mal da época. Disse que se tratava de uma depressão, e que provavelmente, somando-se ao quadro de saúde por ele apresentado o resultado seria mais desastroso, pois além de diabetes, hipertensão e insuficiência cardíaca seu pai estava sofrendo de um mal maior, ou seja, arrependimento por uma atitude mal tomada.

– Foi aí que eu percebi que seu pai havia contado ao Dr. Fabiano os motivos que levaram você a sair da cidade de maneira tão brusca, não retornando para nos visitar em momento algum.

– Diante das palavras do médico retornei para nossa casa, e pela primeira vez na vida tive coragem de falar tudo o que se passava em minha alma. Relembrei todos os momentos em que guardei mágoas por atitudes dele, coloquei tudo para fora. Foram momentos de grande emoção para mim, e finalmente o fiz ver o grande mal que nós lhe causamos, e que eu me sentia acovardada durante anos de convivência, e que naquele momento eu percebia que na realidade eu havia me acomodado para evitar discussões.

– Filha querida, eu senti naquela conversa que não estava sozinha, parecia que tinha ao meu lado alguém me dando força para poder enfrentar aquela situação, e para minha surpresa naquela noite sonhei muito com minha mãezinha, sua avó Francisca. Ela me abraçava e dizia:

– Parabéns minha filha, você teve a única atitude que uma mãe poderia ter diante da situação que nossa Mariana está vivendo.

– Para que você entenda a importância da conversa, depois que falei tudo o que tinha engasgado nestes 30 anos, eu me calei esperando a reação de seu pai. E, para minha surpresa, ele nada disse. Abaixou a cabeça, saiu da sala, dirigindo-se à varanda. Esperei seu retorno, por um longo tempo, e nada. Entendi que ele precisava ficar sozinho para refletir. Fui para o quarto, adormeci, e nem vi em que momento da noite ele se recolheu. Não sei por quantas horas ficou refletindo a respeito de tudo aquilo que eu lhe havia dito.

– Na manhã seguinte, ao me levantar, Joaquim já estava sentado na varanda. Lia o jornal enquanto esperava o café, como fazia todas as manhãs. Eu o cumprimentei e notei que estava com olheiras, e para meu espanto ele se levantou, chegou perto de mim e me abraçou pedindo perdão, entre lágrimas e soluços.

– Filha, eu confesso que jamais pensei em ver aquele homem que sempre foi tão orgulhoso, arrogante, sempre afirmando que jamais mudaria seu ponto de vista tomando uma atitude como aquela. Foram momentos em que agradeci a Deus por ter permitido aquela mudança, que certamente traria de volta a alegria à nossa vida.

– E após esse episódio, seu pai me pediu que viesse buscá-la, levando-a de volta para nossa casa, se você quiser, evidentemente, pois ele não se achava em condições de viajar. Pediu que eu lhe dissesse o quanto ele gostaria de poder conviver com o neto, pelo tempo que ainda lhe restar de vida, pois nos últimos dias ele tem a nítida sensação de que seus dias na Terra não serão muitos. Talvez, isso se deva à reflexão que, embora tardia, traga seus benefícios. Como sabemos que nunca é tarde para se redimir de erros, eu só posso agradecer a Deus por Joaquim ter descoberto seu lado bom, enquanto ainda é tempo.

– E, agora, cabe a você decidir. De minha parte, não preciso dizer o quanto adoraria poder estar ao seu lado no momento da chegada do bebê, e mais ainda, poder vê-lo crescer, seria uma felicidade imensa. Mas, se você decidir por não voltar, eu compreenderei perfeitamente.

Dona Aparecida estava com a alma leve, pois conseguira transmitir para a filha todo o seu sentimento materno, e principalmente o quanto ela crescera nos últimos tempos, talvez, até se espelhando na própria filha.

Naquela noite Mariana orou muito, pediu muito a Jesus que a iluminasse na decisão certa. Que caminho seria o melhor para ela e para aquela nova vida que seria de sua responsabilidade? No fundo de seu coração amava os pais, e certamente eles ainda seriam para ela o seu porto seguro.

Os sonhos desagradáveis que inicialmente haviam diminuído bastante voltaram naquela noite, mas de forma diferente. Ela via uma fazenda produtora de café, onde reconhecia seu pai como proprietário abastado e detentor de uma forte personalidade. Homem austero, de poucas palavras, impunha sua autoridade em todos os momentos.

Em dado momento vislumbrou, a um canto da enorme sala da casa grande, uma senhora cabisbaixa, olhando para o jardim, onde brincava uma criança que aparentava cinco anos de idade. A cada movimento da criança a senhora vibrava, sentindo enorme alegria ao ver o filho querido que se recuperava de grave moléstia.

Mas, com a chegada da irmã o garoto perdia a alegria, e já corria para os braços da mãe. Mariana percebia no sonho que aquela irmã era ela mesma que nutria sentimento de ódio em relação àquela criança, que no seu entendimento, havia tirado o seu lugar no coração de seus pais. Percebia que a pobre mãe, que amava igualmente os dois filhos, tinha grande dificuldade em administrar os conflitos do lar, e principalmente lutava com todas as suas forças para que a filha pudesse desenvolver o amor em seu coração, e ser menos rude com todos, especialmente com o irmão.

Ao despertar, sentia o coração oprimido, sentia que aquele sonho era revelador, e que agora aquele filho que ela trazia em seu ventre era o mesmo irmão que ela tinha odiado no passado. A sensação de que seria um reencontro de amor era muito forte. Ao mesmo tempo Mariana tinha a certeza de que estava se preparando para amar com todas as suas forças alguém com quem no passado ela não se afinava, ela tinha receio de falhar como mãe.

Ao amanhecer, dona Aparecida estava ansiosa por saber a decisão da filha. Ela também tivera uma noite mal dormida, em que alguns pensamentos estranhos a fizessem passar em claro boa parte da noite. Estava apreensiva, pois se houvesse a negativa por parte de Mariana em retornar, ela precisaria tomar a decisão de ficar ao lado da filha pelo tempo que fosse necessário.

Mariana, ao despertar, depois de orar com fervor, rogou a Deus que sua decisão fosse a melhor possível, não só para o futuro de seu filho, mas para o de toda a família. Lembrava-se do sonho, em sua essência, mas não com detalhes, mas tinha a nítida sensação de que estaria reencontrando alguém muito especial.

E, foi assim que tomou a decisão de retornar à sua terra natal. Precisaria conversar com Juliana, agradecer por toda ajuda e carinho que recebera. Para sua tranquilidade, sua substituta já havia sido contratada, pois já se aproximava o momento de dar à luz. Sentiria muitas saudades dessa amiga que como uma irmã muito querida a orientara sobre vários assuntos, inclusive mostrando-lhe o caminho para buscar o conhecimento espiritual.

capítulo **4**

Nasce o pequeno Cesar

Poucos dias se passaram, e eis que naquela manhã agradável Mariana se despedia de Tia Rô, com um profundo sentimento de perda, pois já se afeiçoara àquela bondosa e meiga senhora que a havia acolhido em seus braços naqueles momentos tão sofridos, sem lhe fazer perguntas ou críticas. Sentia que aquele curto período em que recebera naquela casa tanto amor e carinho fora extremamente gratificante, possibilitando a elas a construção de uma grande amizade. Tia Rô também sentiria muito a falta de Mariana, a quem aprendera a amar, e a quem desejava toda a felicidade do mundo.

Mariana e dona Aparecida se dirigiram à Estação Rodoviária. Mariana naquele momento se entregava às lembranças do dia de sua chegada, que apesar de não ter sido tão longínquo, parecia ser coisa do passado. Lembrou-se daquela sensação de abandono e insegurança acometidas meses atrás.

Mãe e filha estavam tranquilas. Durante o trajeto a conversa foi mesclada de recordações, mas também de esperança no futuro, em que dona Aparecida, feliz como aquela pessoa que conquista um troféu, dizia com entusiasmo que seriam muito felizes, e que o netinho seria recebido com muito amor. O reencontro daquelas almas queridas trouxe a certeza de que a compreensão e o perdão, em todas as situações, são os recursos maiores para a conquista da paz.

Enfim, chegaram ao destino. E, logo na chegada o primeiro impacto a abalar Mariana.

Ao deixar a Estação Rodoviária, em busca do veículo que as levaria para casa, mãe e filha observaram um automóvel estacionando ao lado. De seu interior descia um casal de mãos dadas rindo, felizes. Para decepção de Mariana era Antero que ali estava demonstrando alegria e descontração. Mariana sentiu-se desfalecer, tamanho foi o impacto diante daquele quadro. Por um instante tudo escureceu, e o coração aos saltos batia de maneira descompassada. Ela perdeu a noção e o equilíbrio.

Dona Aparecida pediu socorro, e foi o próprio Antero que, sem opção, amparou Mariana evitando sua queda. Imediatamente, acorreram outras pessoas que, preocupadas ao ver aquela gestante desfalecida, se apressaram em colocá-la no veículo, rumando para o Hospital. Foram poucos minutos, mas que para dona Aparecida pareciam uma eternidade.

A correria foi grande, Mariana foi examinada, e seu estado de saúde inspirava cuidados, pois havia sido constatada hipertensão arterial, provavelmente causada pelo impacto emocional sofrido. Após a constatação do perigo de uma eclâmpsia, o pai de Mariana foi chamado, e ela foi levada para a sala cirúrgica, onde se realizaria o parto, para se evitar mal maior.

Assim, com a proteção de Jesus, retornava, para iniciar sua trajetória evolutiva, aquele lindo menino que trazia o compromisso sublime de unir corações que por várias décadas conservavam ódio e preconceito.

Antero se viu diante de um impasse, pois mesmo não tendo assumido o compromisso da paternidade, no momento em que Mariana o procurou para lhe dar a notícia, há alguns meses, sabia que aquele filho era seu. Estava acostumado a fazer tudo a seu modo, no momento em que decidisse, e a se ver pressionado por uma situação que iria certamente mudar sua vida entendeu que a vinda daquele filho, sem planejamento, inverteria a ordem das coisas, embora seu namoro com Mariana já durasse tempo suficiente para oficializarem uma união que ambos já tinham como certa. Diante do incidente, sentiu-se culpado por ter, de alguma forma, colaborado para a situação preocupante que levara Mariana a receber aquele tratamento de emergência, culminando com a antecipação do parto.

Mariana, após passar por aquela experiência inesperada, que foi a realização da cirurgia cesariana, em caráter de emergência, ainda tinha a sensação de estar sonhando, e somente quando ouviu o choro de seu bebê conseguiu chorar e se sentir mais leve. Foram momentos inesquecíveis, marcantes, momentos em que ela tinha certeza de que sua vida tomaria um outro rumo, e sentia uma sensação inexplicável, a de estar recebendo nos braços um verdadeiro tesouro que a enriqueceria de algum modo. A luminosidade que reinava em torno de Mariana e de seu filho trouxe a ela a alegria que somente a maternidade consegue trazer.

A alegria de dona Aparecida e Sr. Joaquim era contagiante. Alguma coisa mudara dentro dele, sentia-se muito feliz, mas, ao mesmo tempo arrependido por se lembrar de seu comportamento egoísta, causando à sua filha querida sofrimento que poderia ter sido evitado. Sr. Joaquim já antevia a casa iluminada pela presença do neto. Contudo, pensamentos desencontrados vinham à tona, pois começava a se preocupar com o papel que o pai daquele bebê desempenharia dali por diante.

O que Sr. Joaquim não sabia é que aquela situação vivida por Mariana tinha uma razão de ser. Ela precisava se sentir rejeitada, incompreendida, para que, espiritualmente, pudesse apagar aquelas máculas que o seu comportamento em existência anterior carreara para si mesma. E, ela, naqueles meses em que batalhou na Capital de São Paulo para o seu sustento, mas que em momento algum pensou em interromper a gravidez, sem saber, se fortalecia para o contato com aquele espírito que no passado lhe despertara sentimentos menos felizes, mas que agora, após longa preparação na Espiritualidade, ela ansiava por compensar oferecendo amor, proteção e carinho.

Após as informações dos médicos de que tudo estava bem, Mariana adentrava ao quarto da maternidade, onde as flores das amigas que haviam sido informadas do nascimento do bebê lhe davam as boas-vindas. O carinho de seus pais foi tão sincero que preenchia aquele ambiente de muita energia e de muito amor. Ela estava em êxtase.

No momento adequado, a enfermeira entrou no quarto trazendo aquele presente divino para sua primeira mamada. Naquele instante, Mariana ao tê-lo nos braços sentiu-se a mais feliz das mulheres, e não conseguiu conter a emoção, pois os pensamentos em turbilhão a remetiam àquele momento em que chegara à Rodoviária e que vira Antero acompanhado de outra mulher. Por mais que lutasse para dissipar aquela cena de suas lembranças, os quadros eram muito vivos, despertando os mais variados sentimentos em seu coração.

Dona Aparecida, sentindo que algo se passava no íntimo de sua filha querida, se apressou em chamá-la à realidade, perguntando:

– Filha, você já escolheu o nome de nosso príncipe?

Mariana já havia decidido há vários meses qual seria o nome de seu filho: seria Cesar. Sim, seria um nome forte, de imperador!! Ela imaginava para ele uma vida repleta de sucesso, de felicidade, de amor.

Nesse momento, Sr. Joaquim fez a pergunta que lhe queimava na garganta:

– E Antero, nós vamos obrigá-lo a assumir a paternidade? A dar o seu sobrenome ao filho? Afinal, ele precisa ser chamado à responsabilidade!

De imediato, Mariana respondeu:

– Não! Não quero ter nenhum contato com ele, nem quero que ele se aproxime de meu filho. Ele não tem pai! Ele é só meu! Vou dizer a ele que o pai morreu! Várias justificativas foram citadas naquele instante em que ela buscava argumentos para extravasar toda sua mágoa.

Os pais se entreolharam surpresos com aquela reação tão agressiva de Mariana. Ela, que normalmente era delicada no falar, se mostrava cheia de rancor, de um sentimento de revolta tão grande que eles temiam lhe prejudicasse naquele momento importante de sua vida. Dona Aparecida rogou mentalmente que Deus acalmasse sua filha, pois ela estava vivendo um grande momento.

– Filha, calma. Vamos falar desse assunto em outro momento. Agora, vamos envolver nosso Cesar em amor, em carinho, em alegria. Vamos dizer a ele que o nosso amor será tão grande, pois que ele é a luz de nossas vidas.

Aquele dia transcorreu sereno, Mariana procurando descansar, pois o desgaste havia sido grande. A antecipação do parto, as circunstâncias em que tudo se desenrolou; a sua chegada tumultuada na cidade, enfim, foram momentos tão inesperados quanto preocupantes.

Já no dia seguinte as amigas de infância ali estavam, pois aqueles fatos inesperados já havia se espalhado, e elas se apressaram em levar os presentinhos ao filhinho de Mariana, e também ouvir da amiga tudo o que ela tivesse para lhes falar. O quarto ficou inundado pela alegria das amigas sinceras, e por alguns momentos, o semblante de Mariana se desanuviou.

Para surpresa de todos, Mariana falou apenas da infância, das lembranças que todas elas acalentavam, dos passeios, dos bailinhos, dos namoricos, como se a fase atual fosse alguma coisa à parte, que ela queria preservar, e conservar longe de tudo e de todos. Mariana procurou conduzir a conversa de forma a evitar qualquer pergunta que não estivesse disposta a responder com relação à chegada do bebê.

Finalmente, Mariana deixou a maternidade. Sr. Joaquim providenciara a compra do berço, e Alice, grande amiga de Mariana, auxiliara na montagem do quarto, para que, quando chegasse quem iria trazer um novo alento à vida daquela família, tudo estivesse a contento. Terminada a arrumação, o vovô emocionado contemplou aquele ambiente que tinha agora um novo brilho.

Assim, Mariana, de volta ao lar a esperava novas emoções. Havia ali um ramalhete de flores com um cartão. Ao ler, ela novamente se descontrolou, atirando longe as flores, e até culpando o pai por tê-las recebido. Sr. Joaquim se desculpou, pois não lera o cartão, temendo ser invasivo, e julgando ser de alguma amiga. Apenas naquele instante ele se lembrava de Antero, e realmente se culpou por sua ingenuidade.

Já no dia seguinte, a rotina começava a reinar naquele lar. O bebê, já fazendo parte daquela família, dormia o sono dos justos, como dizia dona Aparecida. Para alegria de todos, Mariana o amamentava com grande dedicação. E, foi nesse mesmo dia que Sr. Joaquim, como homem maduro, acostumado a enfrentar situações delicadas, chegou junto à filha, com serenidade, para discutir um assunto de grande importância.

– Filha, nós precisamos tocar em um ponto bastante delicado, mas necessário. Precisamos cuidar do registro de nascimento de nosso Cesinha. Precisamos cumprir a Lei dentro do prazo legal. Como você pensa registrar seu filho? Tenho ainda algo a lhe dizer: – Fui procurado por Antero esta manhã, quando me dirigia à padaria. Ele pediu encarecidamente que você o receba. Mostrou-se muito preocupado com o futuro do filho, e quer de todas as formas conversar com você, pois tem muito a dizer, segundo me confidenciou.

Mariana teve ímpetos de saltar da poltrona, só não o fez porque estava amamentando seu bebê. E, naquele momento, sua avó Francisca, aproximando-se com muito amor daquela família tão querida, a abraçou com carinho, envolvendo-a em sentimentos serenos. Algo se passava em seu coração, e ela não saberia explicar, mas sentia-se amparada e por alguns momentos lembrou-se da época em que a avozinha querida a colocava no colo, contando histórias, e a cobria de beijos. Uma paz confortadora a envolvia, e ela tinha a certeza de que vovó Francisca ali estava, junto a ela, auxiliando-a naquela situação em que se tratava do futuro de uma criança. Mas, depois de algumas horas naquele doce convívio, seus pensamentos de revolta contra Antero voltaram a tomar conta de sua mente.

Pensou bastante no que o pai lhe dissera, e decidiu que falaria com Antero sim, mas seria para despejar toda a raiva que estava represada em seu coração. Seu desejo era proibir qualquer aproximação, diria que ele sequer tocaria em seu filho. Haveria de fazê-lo sofrer a mesma humilhação que ela sofrera, meses atrás, quando rejeitada no momento em que mais precisava de compreensão.

E, assim pensando, comunicou a seu pai que receberia aquele a quem naquele momento ela achava que odiava. Haveria de rechaçar qualquer proposta de reconciliação, pois sobreviveria sem ele, com certeza.

capítulo 5

O pedido de Antero

Na manhã seguinte Mariana ouviu o barulho da campainha e já sentiu ligeiro calafrio. Só pode ser ele, pensa...

Realmente, era Antero que chegava. Um tanto sem jeito, cumprimentando dona Aparecida e Sr. Joaquim, perguntou por Mariana. Ela ainda se encontrava em seu quarto, e rapidamente se arrumou para se dirigir à sala, deixando Cesinha no quarto, de propósito. Antes de chegar à sala, ensaiou várias frases que haveria de proferir, todas elas com sabor de uma flecha envenenada.

Ao se deparar com aquele que no fundo ainda amava,

mas que a cortina de revolta estava cobrindo aquele sentimento, sentiu suas pernas enfraquecerem, mas buscou forças e o cumprimentou friamente.

– Pois não, o que é que você deseja? – falou Mariana um tanto ríspida.

– Mariana, precisa perguntar? – o que poderia eu querer vindo à sua casa, após o nascimento de nosso filho?

– Calma lá, meu caro. Você está equivocado, você não tem filho nenhum. O pai dele morreu naquele momento em que o rejeitou, da maneira mais cruel e desumana. Ou será que você já se esqueceu?

– Mariana, por favor, me ouça, antes de me julgar. Sei que errei, mas foi um momento infeliz. Perdoe-me. Deixe-me segurar meu filho nos braços, pois eu quero também lhe pedir perdão.

Dona Aparecida e Sr. Joaquim discretamente deixaram o ambiente, pois no fundo de seus corações vibravam para que sua filha e Antero se entendessem, pelo bem do pequenino Cesar.

Naquele momento, aquela Mariana que no passado cultivara sentimentos de ódio, não só pelo irmão, que agora retornava como seu filho, mas também por Antero, que em determinada época participou de sua vida como um jovem fazendeiro que a seduziu, e que a abandonou à própria sorte, se mostrava completamente dominada pela revolta. Vários foram os encontros que tiveram em reencarnações diversas. Na verdade, ela se comportava naquele momento de uma maneira que causava surpresa a todos. Ela mesma não conseguia se ver como Mariana, integrada na situação atual, sentia-se presa a um passado que não sabia identificar, tinha a impressão de que revia quadros mentais, em que se via sofrendo por motivos semelhantes aos que estava vivendo agora. O passado, como componente dos desafios do presente, determina o gênero de provas a que todos estão sujeitos.

Mais uma vez vovó Francisca envolvia a neta querida. Transmitindo-lhe fluidos de paz, abraçando Mariana com todo seu amor, a impulsionou a conter seus impulsos, e aos poucos, o ambiente foi se desanuviando.

Mariana, confusa, permitiu que Antero visse o filho, mas já alertava:

– Você poderá vê-lo, mas não pense que o perdoei. A ferida em meu peito ainda está sangrando. Veja-o rapidamente, e se retire, por favor.

– Mariana, temos ainda alguns aspectos a decidir. Quero dar meu nome a esta criança, disse Antero.

– Volte amanhã. Preciso refletir a esse respeito, sinto-me exausta diante dessa situação.

Aquela noite seria reveladora para Mariana. Após amamentar o filho, se esforçou para conseguir fazer uma prece, pois o pensamento lhe fugia ao controle. Sentia-se em meio a um turbilhão, pois as emoções daquele dia tinham sido intensas. Sabia que decisões muito importantes deveriam ser tomadas, de imediato.

Mal adormeceu, e se viu em uma época medieval. As casas apresentavam as características da época, assemelhando-se a pequenas fortalezas. A agricultura utilizando ferramentas grosseiras, as roupas bem fechadas, de cores escuras. Via-se o moinho, os estábulos, a cocheira, a taberna. Os rebanhos e a pequena capela compunham de forma desordenada aquele pequeno vilarejo. Um pouco mais adiante, o rio deslizava suavemente, por entre pedras e a vegetação abundante. E ainda mais além, via-se o precipício que marcava o final da pequena comunidade.

Sentia que em uma daquelas casas ela residira com a pequena família. Viu o fogão de lenha aceso, e sentiu afinidade muito grande com aquela mulher que cozinhava, enquanto duas crianças brincavam nas proximidades. Ela os olhava e seus pensamentos cristalizados naquela situação que a perturbava muito não lhe davam paz. Os dois irmãos, com pouca diferença de idade, representavam a alegria daquela família. Por vezes a mãe nem os percebia, tão absorta estava em seus pensamentos.

Os pensamentos eram repetitivos, pois refletiam o temor constante que lhe tirava a paz: Se um dia for descoberto meu segredo, terei de fugir, pois meu marido não me perdoará. Até quando terei de ceder às chantagens de Julian, meu Deus! Como farei para me livrar deste homem cruel e vingativo, que nos primeiros momentos se mostrou tão diferente!

Enquanto seu pensamento divagava, retornando da lida do dia, chegava Sebastian, cansado e faminto.

– O jantar está quase pronto, diz Celine, vá se banhar.

Durante o jantar Sebastian estava contrariado, com o semblante visivelmente alterado, e comentando com a esposa, desabafa:

– Sinto que Julian me provoca constantemente, não entendo porque ele procura, em todas as oportunidades, colocar-me em situação difícil na presença dos outros moradores da vila. Às vezes, penso que ele me provoca esperando que eu tenha alguma reação violenta. Sinceramente, não entendo qual a razão!

Celine sentiu o sangue gelar em suas veias: – Será que Sebastian desconfia de algo? Será que ele está tentando descobrir alguma reação em meu semblante? Ela, procurando ser natural, responde:

– Me parece que Julian gosta de provocar todas as pessoas. Sua fama de brigão já é bem conhecida, não é mesmo? Você não deve entrar na provocação, pois assim ele acaba te deixando em paz.

– Isso é verdade, mas o que sinto é que na próxima vez não vou tolerar. Vamos decidir pela força.

Naquela noite Celine sentiu que precisava agir rápido. Algo deveria ser feito, enquanto fosse possível. Assim, arquitetou seu plano de destruição. Pediu ao pequeno Pierre, garoto ainda ingênuo, que conhecia todos os habitantes do local, que levasse um recado a Julian.

– Diga a ele que compareça à pequena cabana, na divisa do vilarejo, logo pela manhã, pois ali estará uma pessoa que tem assunto urgente e de seu interesse para tratar. O encontro se daria logo após o grupo dos colhedores de uvas iniciarem o trabalho.

Julian ficou intrigado quando Pierre lhe informou ter partido de Celine o pedido de transmissão do recado. Mas, como ela sabia que ele estava procurando uma forma de deixar aquele lugar, Julian pensou que ela iria lhe apresentar alguém que pudesse lhe dar essa oportunidade. Pensou na melhor maneira de deixar o local de trabalho, sem ser notado.

Celine se dirigiu ao local combinado, e o aguardou. Com a chegada de Julian ela lhe informou que havia uma pessoa que poderia ser muito útil no propósito que ele agasalhava, mas que não desejava ser vista no local, por este motivo o esperava perto do penhasco. Ele deveria se dirigir àquela trilha, por onde eles mesmos já haviam se embrenhado para seus encontros escusos. Ela assegurou que o comerciante que residia em outro vilarejo tinha uma proposta muito interessante para ele.

Desta forma, ela, simulando ir embora, observou Julian se dirigindo ao local. Por um outro atalho, ela se antecipou chegando ao local antes de Julian. Daí a minutos, ouve-se o baque surdo de um corpo caindo pelo penhasco, atingido na nuca por uma pedra. Celine se apressou em retornar para sua casa. A partir daquele momento, decidiu que iria esquecer todo o seu passado, e lutar com todas suas forças para que sua família vivesse em paz.

Depois de algum tempo os colhedores de uva deram pela falta de Julian. Acabou o dia, e para alguns, ele havia se dirigido ao vilarejo próximo, por algum motivo. Mas, no dia seguinte ele não retornara. Deduziram que ele havia abandonado o local, uma vez que já não estava se dando bem com a maioria dos homens do seu vilarejo. Até sua esposa, que ouvia sempre as queixas de Julian e sabia que ele estava buscando um local para se mudarem, entendeu esta ausência como busca de um novo trabalho. Passados alguns dias, ela começou a relembrar que nos últimos tempos ele tinha estado distante, desinteressado, pouco falava com ela e com os filhos. O povoado todo começou a comentar que Julian havia partido, abandonando esposa e filhos. Assim, nascia o rancor no coração daquela família que compreendia que Julian os havia abandonado.

Pierre, em sua pouca idade, entendeu que Julian havia partido com a tal pessoa que iria encontrá-lo, por este motivo, achou melhor nada dizer, pois pensava que muito em breve Julian retornaria para buscar sua família.

Celine, sentindo-se aliviada por não correr mais o risco de ser descoberta, tentava esquecer de todo aquele episódio. Em suas lembranças revia o romance que mantinha com Julian, enquanto seus pais acertavam o casamento com Sebastian, e relembrava os momentos de aflição quando, alguns dias antes do matrimônio, procurando a velha conselheira do lugar, obteve a confirmação de que estava grávida.

Desta forma, Celine viveu dias de muita angústia, até que pudesse informar a Sebastian que esperava um filho dele. A alegria contagiou toda a família, e a própria Celine se sentiu aliviada, pois tudo haveria de se ajustar, uma vez que Sebastian desejava muito ser pai. Mas, Julian, na primeira oportunidade que teve começou a chantagear Celine, ameaçando revelar toda a verdade, caso ela não cedesse a seus caprichos. Foram inúteis os apelos que ela fazia, para que ele a deixasse em paz.

Assim, Celine viveu longos anos sempre com a ameaça de ter seu segredo revelado, e consequentemente, de ser banida de sua família, caso Julian cumprisse o prometido. A cada dia mais se desesperava, e dizia a si mesma que teria de por um fim àquele pesadelo.

Quando Julian deixou este mundo, ela julgou que seu pesadelo havia acabado.

Mariana acordou durante a madrugada com o choro de Cesar, e o sonho revelador estava nítido em sua mente. Ela se perguntava por que aquela impressão de que aquela era a sua história. Sua semelhança com Celine a deixou intrigada. Mas, como saber? Quem poderia desvendar esse mistério? Procurou organizar suas ideias e voltou a dormir, pois o dia já começava a clarear.

No dia seguinte, Antero retornou decidido a informar Mariana e sua família que iria ao cartório providenciar o registro de nascimento de Cesar. E assim o fez sem dar nenhuma chance para negativas. Afinal, sendo ele o pai, tinha todo o direito de agir dessa forma. Acabara de tomar essa decisão, e iria colocá-la em prática.

Essa atitude de Antero mexeu com os sentimentos de Mariana, que no fundo já estava confusa. Na verdade ela estava muito ressentida, desde que vira Antero na Rodoviária, de mãos dadas com aquela moça que ela nem conhecia. Ela recebeu aquela atitude como uma afronta a ela e à sua família, pois ele sabia quais as causas que a levaram a ir embora, e com certeza sabia também que sua mãe havia viajado para São Paulo com o intuito de buscá-la.

Em retorno do cartório, Antero entregou à Mariana o Registro de Nascimento de Cesar, em que tomou o cuidado de colocar o sobrenome dela também. Quando Mariana leu a certidão ficou calada, pensando como iria agir daquele momento em diante. O ambiente começava a se desanuviar, pensou Antero. Mas, tão logo entregara o documento, percebeu que ainda não era o momento de tentar conversar com Mariana, nem indagar como ficaria a situação deles, a partir de então.

Antero queria explicar que aquela moça que ele acompanhara na Rodoviária era apenas uma prima vinda de outra cidade, com quem ele apenas estava sendo gentil, não havendo nada mais do que isso. Já formulara em sua mente todas as explicações que daria, e revia mentalmente todos os momentos, procurando idealizar todas as reações que certamente Mariana teria. O fato de estar segurando sua mão nada significava.

O sonho de Mariana se repetiu algumas vezes. Lembrou-se dos sonhos que a perturbaram quando esteve em São Paulo. Recordou-se de todo aquele período angustiante, e, ao refletir sobre aqueles sonhos, lembrou-se de todo o bem-estar que sentia no Centro Espírita onde frequentava.

Sim, como não havia pensado nisso antes? Procuraria um Centro Espírita em sua cidade. Apesar de nunca ter se interessado por assuntos desse tipo anteriormente, lembrou-se de sua primeira visita ao Centro Espírita, em São Paulo, em companhia de Juliana àquela casa de oração onde se sentiu muito bem. Procuraria saber com suas amigas se havia ali em sua terra natal algum Centro Espírita.

Para sua surpresa, algumas de suas amigas eram simpatizantes da Doutrina Espírita e outras eram frequentadoras assíduas da Casa Espírita. Ela intrigada perguntava:

– Por que nunca me falaram a esse respeito? Crescemos juntas! E eu não sabia que vocês conheciam essa Doutrina!

– Mariana, nós sabemos que sua família é adepta do Catolicismo, que seus pais são colaboradores assíduos das Obras da Igreja, e que você mesmo sem ter frequência tão constante na igreja é uma pessoa católica. Além do mais, você nunca deixou transparecer interesse em conhecer o Espiritismo.

– Mas, agora quero conhecer os ensinamentos do Espiritismo.

Mariana relatou às amigas sua experiência vivida em São Paulo. Mencionou os pesadelos que tanto a assustavam enquanto lá esteve, pois não encontrava explicação para o fato, até sua amiga Juliana a levar a um Centro Espírita. Relembrou o quanto havia melhorado com os passes que semanalmente recebia, e comentou ainda o quanto ela gostava de ouvir as palestras que eram ali proferidas.

capítulo **6**

Visitando a Casa Espírita

Mariana pediu à sua mãe que cuidasse de Cesar, e na segunda-feira seguinte foi com Tereza ao Centro Espírita. Foi recebida com carinho por dona Cecilia, que a encaminhou para sala de palestras, pois dentro de alguns minutos seria iniciada a reunião. Dona Aparecida, embora fosse católica não se opôs, e nem fez comentário algum acerca da decisão tomada pela filha.

Durante a palestra Mariana ficou atenta, lutando bastante contra o sono que teimava em dominá-la. Tereza, discretamente a alertava quanto à necessidade de manter os olhos abertos, ficando atenta às palavras do orador. Assim, ao final da explanação todos os presentes foram chamados para adentrar a sala onde receberiam o passe.

Após receber o passe, Mariana sentiu-se bastante serena, certo alívio a envolveu, e uma sensação suave de paz tocou sua alma. Ela informou a Tereza que na próxima semana gostaria de chegar mais cedo ao Centro Espírita, pois gostaria de receber orientação no atendimento fraterno. Precisava falar dos seus sonhos, pois eles haviam retornado e a estavam incomodando muito.

Assim, na semana seguinte Mariana se dirigiu ao Centro Espírita, e na conversa com o orientador relatou os sonhos em que se via na fazenda produtora de café, onde identificava seu pai atual como o proprietário daquele local. Ela identificava o seu pai, da atual existência, como aquele mesmo espírito que no passado também a recebera como filha. Sentia ainda que ela mesma fora aquela irmã dotada de sentimentos ruins, daquele que agora recebera como filho. Descreveu ainda os sonhos que a estavam perturbando, desde que se tornou mãe. Relatou em detalhes os sonhos que a remetiam tanto à sua existência vivida naquela época medieval, quanto também às cenas da existência mais recente, pois tinha certeza de que fora a malvada irmã de Cesar, e ainda que seu pai atual, também o fora naquelas duas existências. Mariana tinha gravado em seu consciente inúmeras cenas a que teve acesso, na forma de sonhos, e sentia que seria muito importante ter esse conhecimento, pois desejava de todo coração reescrever sua história espiritual.

O orientador a encaminhou para a assistência espiritual

composta pelos passes, pela frequência às palestras, e pela assistência de desobssessão, pois sentia que em seu campo mental se encontravam alguns irmãos cujo objetivo era promover a discórdia. Era notória aquela influenciação negativa que atingia o pequeno Cesar que acabara de chegar para uma nova experiência.

Mariana tinha traços bem marcantes em sua personalidade. Era uma pessoa determinada, e quando entendia que algo era importante e necessário para si, não media esforços para conseguir seu intento. Seguiu rigorosamente as orientações recebidas no Centro Espírita, inclusive a leitura diária de *O Evangelho Segundo o Espiritismo*, e os momentos destinados às preces.

Naquela época, ainda era comum às reuniões espíritas, denominadas de reuniões de intercâmbio mediúnico e reuniões de desobsessão, ser realizadas na presença dos frequentadores, e assim Mariana foi se acostumando às mensagens que eram trazidas pelo Mentor Espiritual. Interessava-se muito pelos ensinamentos que recebia, pois estavam lhe trazendo apoio e entendimento diante dos últimos acontecimentos de sua vida.

E, assim certa noite, ao final da reunião, quando o grupo de trabalhadores se preparava para seus agradecimentos finais, já sem a presença dos frequentadores, Cecilia, a médium psicofônica do grupo, ou seja, a pessoa que fala por intermédio dos espíritos, foi intuída pelo Mentor Espiritual que um espírito pertencente àquele grupo socorrista estava solicitando a oportunidade de se dirigir à neta querida, identificando Mariana, que naquele momento sentiu forte arrepio. Seu coração disparou, e emoção incontrolável a dominou. Ao final, teve certeza de que aquelas palavras ditas por meio de Cecilia eram de sua avozinha Francisca. A bondosa tarefeira se dirigiu à neta com enorme carinho:

– Querida, tenho acompanhado sua busca pelo entendimento dos sonhos reveladores que a benção divina tem lhe proporcionado, com a finalidade de lhe dar uma diretriz diante dos fatos novos ocorridos em sua vida.

– Minha neta amada, Sebastian retornou como aquele que se comprometeu a se unir a você por meio do matrimônio. Julian retornou como o filhinho amado; e você se comprometeu a uma rencarnação repleta de lutas, cujo passado de débitos possa ser resgatado, cumprindo cada um seus compromissos com a Lei do Amor. Por certo, cada um de vocês guarda na mente espiritual todas as mágoas, frustrações, traições, crimes, enfim toda a vivência pretérita, representada pelo inconsciente. E, graças à benção do esquecimento, a ligação milenar que os une, adormecida no recôndito de suas almas, os coloca agora no mesmo palco da vida. A cada um foi designada uma parte dessa tarefa de reconciliação, e rogo a Jesus que vocês possam superar todas as arestas e reescrevam essa história, desta vez, com um final feliz. Minha querida, que Jesus habite seu coração.

Naquele momento Mariana entendeu que Antero era Sebastian que ela desposara no passado remoto. Sua emoção era tamanha que ela tinha a sensação de que não iria aguentar tantas revelações. E se perguntava:

– E agora? Como vou agir em relação a Antero? Como será a relação entre pai e filho? E eu, como serei aceita por meu filho? Será que ele traz em seu coração o ódio por aquela que o assassinou? Teria ele condições de perceber o que fiz a ele naquele momento de desatino? Como será nosso convívio?

Francisca, captando as dúvidas da neta, continuou sua mensagem, por meio de Cecilia:

– Minha menina, a benção do esquecimento é o recurso que a bondade divina nos oferece para facilitar a convivência na Terra. Não tema, nem Antero, nem Cesar terão acesso a estas informações, enquanto encarnados. O planejamento divino os reuniu, exatamente para resgatarem aquele convívio tumultuado e doloroso. E a você, Jesus permitiu estas revelações por um único motivo: evitar que você erre mais uma vez, rechaçando Antero que está disposto, com todas as suas forças, a formar uma família junto a você e a Cesar.

* * *

Mariana esperava ter uma noite difícil, mas para sua surpresa seu sono foi tranquilo. Não teve pesadelos, somente Cesar que acordava para ser amamentado, e depois dormia tranquilamente. Ela tinha a impressão de que alguma coisa havia mudado em seu interior. A atitude de Antero que ainda lhe causava revolta, agora já começava a lhe parecer compreensível, uma vez que sendo o mesmo espírito deveria existir em seu inconsciente alguma sensação desagradável com relação a ele. Com certeza, Antero não tinha consciência de todos aqueles fatos que lhe foram revelados, mas no recôndito de sua alma algo deveria acusá-la.

A partir daquele dia, Mariana começou a tratar Antero com mais delicadeza, e ele procurava demonstrar o amor que já sentia por aquela criança. Na realidade Antero havia se preparado bastante no plano espiritual para o reencontro com aquelas duas almas que no passado o traíram, e atualmente trazia bagagem espiritual que lhe daria condições de enfrentar essa nova jornada. Embora ainda tivesse muitas arestas a serem aparadas, conseguira desenvolver sentimentos melhores, desde então. Eles já haviam se encontrado em outras oportunidades, enfrentando encarnações sofridas, e tanto Mariana, quanto Antero e Cesar já tinham resgatado parte de seus débitos contraídos alhures.

Os meses foram se passando, e notava-se que Cesar em alguns momentos parecia bastante assustado. Quando estava no colo dos avôs estava mais sereno, e quando ficava no colo da mãe, mesmo quando esta o amamentava, ele não demonstrava serenidade, como seria de se esperar. Mariana começou a perceber essas reações e resolveu pedir ajuda aos novos amigos do Centro Espírita.

Mariana relatou o fato à dona Cecilia que a aconselhou a levar o pequeno Cesar ao Centro Espírita, a fim de receber o passe, para que se acalmasse. Como toda criança, ele estava ligado ao passado pelas reminiscências espirituais, e haveria de se fortalecer naquele ambiente de paz. Cecilia relatou que, conforme informações do espírito André Luiz, psicografia de Francisco Cândido Xavier, nos primeiros sete anos de vida há uma forte ligação espiritual do espírito reencarnado com as vivências anteriores.

Ao completar o primeiro ano do nascimento de Cesar, Mariana decidiu aceitar o pedido de casamento de Antero, que demonstrou naquele período ser uma pessoa de bem, apesar de tudo o que havia se passado em suas vida. Ele havia pacientemente aguardado a decisão de Mariana, e ficou muito feliz com a possibilidade de construírem um lar, onde teriam uma vida de amor e alegrias.

À medida que Cesar foi crescendo, sentia certo desconforto quando sua mãe o abraçava, e contrariamente nutria pelo pai crescente admiração. Buscava os carinhos do pai, procurando de certa forma se esquivar de Mariana, que já começava a perceber algo de estranho nas reações do filho. Ela rogava a Jesus, diariamente, em suas orações, que o filho querido a perdoasse pelo passado desastroso que ela havia ajudado a protagonizar.

Ela se esmerava nos cuidados com a criança, procurava ser uma mãe presente, cuidadosa, amorosa, mas algo o afastava dela. O seu porto seguro era o Centro Espírita, onde começou a estudar, aceitando a sugestão de dona Cecilia, pois precisava aprender o caminho para dissipar do coração do filho aquele ressentimento que ela já sabia qual a razão, contudo guardava para si aquela verdade. Seu maior desejo era apagar tudo que pudesse recordar o passado, mostrando ao filho todo o amor que existia em seu coração de mãe.

Os anos foram se passando e Cesar completou doze anos de idade. Há algum tempo também tinha pesadelos. Acordava tremendo com o coração disparado, e transpirando muito.

Mariana, nesse momento de sua vida já em condições de entender o que representavam aqueles pesadelos, começou pacientemente a conversar com o filho, procurando auxiliá-lo. Depois de muito esforço, conseguiu levá-lo para uma assistência espiritual no Centro Espírita, onde os passes lá recebidos foram renovando suas energias. Cesar estava na pré-adolescência, fase de difícil aceitação das orientações e dos caminhos religiosos apresentados pelos pais.

Ela se tornara uma trabalhadora da Doutrina, porém o filho e o esposo eram resistentes em acompanhá-la. Suas orações constantes eram dirigidas a Jesus, pedindo perdão pelas atitudes do passado, pois Mariana já havia entendido que teria de lutar com todas as suas forças para conseguir o perdão do filho. Assim, não desanimava, e aos poucos Cesar foi se tornando mais maleável, e aos quatorze anos aceitou entrar para a Mocidade Espírita, pois era um rapaz extrovertido e amável.

Cesar não repelia mais os carinhos da mãe, embora lá no fundo de sua alma ainda fosse acometido, por vezes, por um sentimento de revolta que não conseguia identificar. Ele, mesmo sem ter consciência, começava a perdoar sua mãe pelos atos do passado.

capítulo **7**

O acidente

Quando a vida daquela família parecia estar serena Antero certa noite, ao retornar para sua casa, caminhava distraído e ao atravessar uma avenida não percebeu um carro em alta velocidade atingindo-o violentamente. O choque foi inevitável, e em estado grave Antero foi levado ao Hospital. Lá, após ser socorrido, o médico procurou os familiares demonstrando preocupação. Suas palavras trouxeram à Mariana e a Cesar uma dura realidade. Antero ficaria paraplégico, pois sua coluna vertebral tinha sido duramente atingida.

Alguns dias no hospital, e aquele homem que se mostrara um pai-amigo começava a sentir o peso da dura realidade. Informado que seus dias agora seriam em uma cadeira de rodas, tinha momentos de profunda tristeza, mesclados a certo sentimento de revolta diante daquela situação inesperada. Procurava entender como aquilo tinha acontecido, mas não encontrava as respostas.

Mariana e Cesar, a partir daquele instante, uniram-se ainda mais, pois Antero precisava do cuidado de ambos. No íntimo de cada um brotava aquela certeza de que suas vidas mudariam, e a dor invadiria seus corações. Mas, ambos, tocados pelo amor divino, sentiam-se fortalecidos e conscientes de que eles não iriam fracassar naquela empreitada.

Cesar havia se alistado no exército e aguardava sua convocação. Mariana se preparava para renunciar a alguns de seus compromissos, pois sabia que Antero precisaria mais do que nunca de sua dedicação. Ela havia decidido que Cesar iria lutar pelo seu futuro, e caberia a ela cuidar do esposo e o auxiliar em sua recuperação.

Após a alta médica, Antero retornou ao lar. Algumas adaptações já haviam sido feitas de modo a lhe oferecer qualidade de vida. Mãe e filho se mobilizaram para que Antero sofresse menos possível aquela mudança repentina em sua vida.

O Evangelho no Lar passou a ser um compromisso visto naquele momento com maior interesse, inclusive por Antero, que até então não havia demonstrado interesse por assuntos espirituais. Algo dentro dele dizia que precisaria buscar Deus, pois naqueles dias em que se viu dependente dos cuidados de muitas pessoas pôde analisar o quanto precisamos uns dos outros. Antero percebeu, naquele instante de reflexão, a fugacidade da vida.

Cesar, que almejava seguir a carreira militar, já estava em dúvida – seria realmente esse o melhor caminho? Agora as coisas em sua casa haviam se modificado completamente. Cada vez que comentava com sua mãe a respeito de sua insegurança, ela o incentivava a seguir os seus sonhos, e o encorajava a lutar pelos seus ideais.

Aos poucos a vida foi retornando à sua normalidade. Antero procurava ser útil de alguma forma, e buscava, dentro de sua formação profissional, adequar-se para continuar dando aulas de matemática. Optou por trabalhar em casa, dando aulas particulares, pois dessa forma sentia-se mais à vontade e, principalmente, não necessitaria do auxílio da família para se locomover. Como havia se interessado em conhecer melhor a lógica da Doutrina Espírita, compreendeu que diante da prova que escolhera era preciso estar bem consciente e confiante na bondade do Pai Maior.

Cesar, a cada dia mais e mais admirava seu pai, e diante da extrema dedicação de sua mãe, percebia que ela também era uma guerreira, pois conciliava várias atividades, mas priorizava o atendimento ao lar e em especial ao companheiro, naquele momento com algumas limitações. Se na infância e adolescência ele, sem razão conhecida, tinha certa dificuldade em aceitar o amor de sua mãe, bem como acalentá-la, percebia que começava a amá-la profundamente.

Diante do rumo que a vida seguia Cesar, incentivado pelos pais, ingressou na Academia Militar, preparando assim o seu futuro, estando próximo de realizar um sonho que acalentava desde a infância. Todos ficaram muito felizes, e ele visualizava uma vida mais segura e serena para seus pais.

A essa época o pai de Mariana, depois de prolongada enfermidade, desencarnou cercado do amor da família, e dona Aparecida passou a residir com a filha e o genro, visto que Cesar, cursando a Academia Militar não residia mais com a família. A chegada da mãe trouxe a Mariana certa tranquilidade, pois ela teria oportunidade de voltar a se dedicar mais às suas tarefas espirituais.

Mesmo trabalhando em casa, confortavelmente instalado, Antero apresentava abalos emocionais. Ficava taciturno, isolado, e Mariana procurava, de todas as maneiras, entender o que se passava com o marido.

Há algum tempo ele participava do Evangelho no Lar, e ela notava que em alguns momentos ele parecia ouvir algo, apresentando semblante bastante sereno. Em outras ocasiões, apresentava alterações de humor, mas não gostava de comentar a respeito do assunto. Mariana achou prudente aguardar mais algum tempo para tocar no assunto.

Certa noite, porém, quando dormiam, Mariana acordou sobressaltada com a respiração ofegante de Antero, percebeu que ele estava transpirando em demasia. Ela o chamou e ele despertou assustado, dizendo:

– Graças a Deus, foi apenas um sonho. Mariana o convidou a fazer uma prece, e o restante da noite seguiu tranquila.

Este fato se repetiu por mais duas vezes. Na terceira vez, o próprio Antero despertou e chamando Mariana com insistência lhe disse com os olhos arregalados:

– Mariana, então é isso? Você e seu filho são farinha do mesmo saco!!

Ela assustada, não entendendo o que o marido dizia, ainda perguntou:

– Antero, o que houve? O que você está falando?

Na mesma entonação agressiva ele continuou trêmulo: – Vocês combinaram de se encontrar novamente, com que intenção? Será que desta vez a vítima fatal serei eu?

Naquele momento, Mariana sentiu o sangue gelar nas veias. Recordou de imediato toda a trajetória espiritual que já conhecia em que ela, Antero e Cesar tinham sido os protagonistas. E, naquele instante orou com todo fervor suplicando a ajuda de Jesus para que a paz retornasse ao seu lar.

Antero, envolvido pelos eflúvios luminosos endereçados a ele pelos Amigos Espirituais, e sustentado pelas preces de Mariana, serenou e voltou a dormir mais tranquilamente. E, na manhã seguinte, sentia um peso na cabeça, e sensação de mal-estar, não conseguindo se lembrar do sonho. Perguntou, então, a Mariana se naquela noite havia acontecido alguma coisa diferente. Naquele momento ela percebeu que tudo o que Antero havia falado foi de forma inconsciente, e mesmo estando com os olhos abertos, ele não estava em sua plena consciência.

Diante disso, ela se tranquilizou, procurando orar, suplicando ao Mestre Jesus para que Antero não recebesse mais aquelas influências, cujo objetivo era trazer a discórdia e o sofrimento para sua família. Mas, ela também sabia que as Leis Divinas são justas e, portanto, se houvesse a necessidade de superação de alguma prova por eles planejada, fatalmente, Antero voltaria a ter aquele tipo de sonho-pesadelo.

E, assim aconteceu. Antero, após alguns dias, repetiu o mesmo quadro, mas dessa vez despertando totalmente. Tinha a lembrança de ter visto alguns lugares em que ele viveu, mas sabia que ali também haviam vivido Cesar e Mariana. Fez indagações que deixaram Mariana confusa, querendo saber se era possível ter sonhos reveladores, ou se aquilo era sempre resultado de perturbações espirituais. Ela, não tendo palavras para responder, pois não sabia exatamente que tipo de cenas ele tinha visto, se limitava a orar, e pedir que ele se acalmasse. Procurando serenar seu coração, dizia ao esposo que, certamente, ele fora vítima da aproximação de irmãos que desejavam trazer o tumulto a eles. Ela relatava que isso é muito comum, pois durante o desdobramento do sono ficamos mais livres para ter contato com o mundo espiritual, e podemos nos defrontar com irmãos perturbadores.

Desta vez, Mariana levou o assunto à dona Cecilia, pedindo ajuda. Pediu orientação de como conduzir o assunto. Antero nessa ocasião já participava do Evangelho no Lar, porém, não passava disso. O que mais ela deveria fazer? Seria correto abordar o assunto em casa, uma vez que para ela já estava bem claro toda a trajetória vivida pela família em duas reencarnações anteriores? Ambas se recordaram daquela noite memorável em que vovó Francisca trouxera palavras de esclarecimento com o objetivo de auxiliar Mariana a enfrentar com confiança e resignação as provas que se apresentassem em sua existência presente.

capítulo **8**

Despertando para as coisas do Espírito

Dona Cecília aconselhou Mariana a tentar com carinho, sem imposição, utilizando-se de argumentos convincentes, que Antero buscasse ajuda espiritual no Centro Espírita, a fim de melhorar a qualidade de seu sono. E, com persistência e serenidade, Mariana iniciou aquele trabalho de convencimento. Após algum tempo, para sua alegria, Antero aceitou buscar auxílio espiritual. Nessa época ele já estava mais acessível aos assuntos referentes à alma, como frequentemente dizia.

Em sua primeira visita ao Centro Espírita assistiu à palestra e recebeu os passes. Na semana seguinte, se interessou por passar pela orientação espiritual, oportunidade em que relatou, dentre outros assuntos, seus sonhos perturbadores.

Os Amigos Espirituais, encarregados daquela tarefa, intuíram o tarefeiro quanto à assistência espiritual mais indicada a Antero. Ele esperava obter informações claras a respeito dos sonhos, mas ouve do orientador que o ideal naquele momento seria o seu fortalecimento espiritual e que, inicialmente, a Espiritualidade promoveria o bloqueio daqueles pesadelos. Passados alguns meses e Antero apagava de suas lembranças aquelas cenas, e começava agora a demonstrar mais interesse por conhecer a Doutrina Espírita. Sem interesse em desvendar aqueles pesadelos, acabou esquecendo o assunto.

Ao cabo de algum tempo, ele resolveu se inscrever para o Curso de Médiuns, para a felicidade de Mariana. Sendo ela uma trabalhadora da Casa sentiu alegria imensa, pois poderia conciliar suas atividades espirituais com o interesse do esposo. Agradecida a Jesus pelo amparo, percebia que o Mestre dava a ela inúmeras oportunidades de se redimir de vários desacertos ocorridos em seu passado espiritual.

Assim, com o desenrolar do curso, Antero passou a se interessar pelas leituras e foi adquirindo o conhecimento necessário para em breve iniciar suas tarefas. No final dessa etapa, ele se sentiu realizado ao ser convidado para participar da reunião de intercâmbio mediúnico, em que seriam atendidas pessoas que procuravam na Casa Espírita o socorro espiritual. Não tinha ainda muita confiança, mas recebendo todo o incentivo dos companheiros dizia para si mesmo: – Farei todo o possível para ser útil a quem necessitar.

Após alguns meses do início dessa nova fase, dentro da Casa Espírita, no final da reunião mediúnica haveria o momento de socorro espiritual destinado aos tarefeiros. Antero desenvolvia a atividade de esclarecedor (doutrinador) e, naquela noite, teve grande surpresa. Dona Tereza, médium psicofônica, sentiu a aproximação de um espírito que emanava sentimentos de profundo rancor, direcionados ao grupo. Ela iniciou sua fala de forma ameaçadora, pois dizia ter encontrado ali a assassina de seu filho, e que havia chegado o momento do acerto de contas.

Aquela mãe, que havia estacionado nas antigas lembranças, irrompeu em angustioso pranto, relatando os fatos que eram do conhecimento de Mariana. Após as palavras de conforto emitidas pelo médium esclarecedor, envoltas na vibração de amor de todo o grupo, houve silêncio por parte do espírito comunicante. Naquele instante, a equipe espiritual, dirigente da reunião, acolheu aquela mãe que por muito tempo caminhava pelas sendas dolorosas do ódio e do desejo de vingança. Naquela noite, ela conseguiu ser ouvida, relatando todo seu drama, recebendo palavras confortadoras que minimizaram sua dor. A entidade comunicante acabou confessando ser a causadora dos pesadelos de Antero, pois seu desejo era que ele se vingasse da esposa. Na bondade divina ela foi socorrida e amparada por Irmão Juvêncio. Contudo, não foi dado a ela permissão para detalhar os nomes e os fatos vividos por aquele grupo, naquela reencarnação, há séculos passados. Como o objetivo daquela intervenção era esclarecer e amparar aquela mãe, as informações que poderiam causar prejuízos aos envolvidos foram suprimidas.

O final daquele encontro foi abençoado pelo Mestre Jesus, ao permitir que aquele espírito em desequilíbrio pudesse pedir ao Messias oportunidade para ser feliz. Mariana, por sua vez, em pensamento, mais uma vez pediu perdão pelas faltas cometidas contra aquele espírito, que no passado fora filho daquela mãe em sofrimento, mas que atualmente era o seu amado filho Cesar.

Ao retornar ao lar, Mariana resolveu conversar com Antero a respeito daquele assunto, pois ele já tinha condições de entender acerca das questões relacionadas à reencarnação como instrumento de resgate, mas também de evolução. Ambos já estavam bastante esclarecidos sobre o processo de reajuste, que dentro das Leis Divinas, ofereciam oportunidades de progresso a todos. E assim, ela orou muito e concluiu que poderia revelar a Antero as palavras de vovó Francisca proferidas há tempos atrás. Assim, ambos se fortaleceram na certeza de que formavam uma família, que há muito vinha caminhando junta para que todos conseguissem sua evolução, por meio do intenso trabalho de renovação espiritual.

Antero já sentia em seu íntimo que tudo o que havia semeado em seu passado espiritual colhia naquele momento em forma de perdas, traições. Até mesmo o acidente, que o havia colocado naquela situação de limitação que ele estava vencendo com louvor, era mais uma oportunidade de resgate por semeadura equivocada. Antero percebia que todo o conhecimento que vinha adquirindo seria de grande valia em toda sua existência imortal.

Diante do passado que ligava aqueles três espíritos: Antero, Mariana e Cesar, Antero passou a meditar acerca do que ainda estaria reservado ao filho Cesar, pois tendo conhecimento das Leis de Ação e Reação sabia que o filho querido também deveria ter trazido provas compatíveis aos atos do passado. A partir daquelas reflexões, começou a orar fervorosamente ao Pai Criador, pedindo ao filho coragem para o enfrentamento das provas, pois de sua parte já o tinha perdoado de todo o coração. Ambos, Antero e Mariana sentiram-se ainda mais amparados pelo Pai Maior após aqueles episódios que os levaram ao despertamento.

capítulo **9**

A noiva de Cesar

Cesar vinha obtendo resultados excelentes em seus estudos na Escola de Oficiais. Diante de seu brilhante desempenho tinha ali atuação bastante intensa, e estava feliz e agradecido aos pais pelos resultados obtidos. Visitava-os frequentemente, e em uma dessas visitas informou que estava noivo, e que brevemente eles iriam conhecer sua futura esposa. Mostrava-se apaixonado pela noiva, e estava muito otimista com relação ao seu futuro.

Mais alguns meses se passam e certa tarde Cesar chegou com Débora, sua noiva, para as apresentações. Nem Antero nem Mariana sentiram a menor simpatia pela moça. Foram tomados por sensação estranha, e sem entender o porquê, se esforçaram ao máximo para não demonstrar aquele sentimento.

Juntos no jantar conversaram a respeito de vários assuntos, e a impressão dos pais de Cesar se acentuava ao perceber que Débora era uma pessoa bastante incisiva em suas opiniões, deixando claro que sua visão da vida era puramente materialista. Acostumados a buscar a palavra do Evangelho assim o fizeram antes de dormir, e como sempre, os ensinamentos da Boa Nova orientaram para a necessidade da compreensão e do amor.

Naquela noite, Cesar e Débora pernoitaram ali na casa dos pais de Cesar, pois no dia seguinte retornariam para Resende, Estado do Rio de Janeiro, onde residia Débora, e onde Cesar cursava o último ano da Academia Militar de Agulhas Negras.

Após a partida do filho, Mariana e Antero trocaram opiniões sobre a impressão causada por Débora, e oraram a Jesus, pedindo que o melhor acontecesse, pois tinham plena certeza de que os compromissos familiares são planejados na Espiritualidade, a fim de promover os encontros necessários ao progresso de cada um. A partir daquele dia em suas preces envolviam Cesar e Débora, sempre rogando ao Pai que os abençoasse.

Chegou, enfim, para Cesar a concretização de seu ideal. Tornava-se um Oficial do Exército Brasileiro, e doravante esperava conquistar todos os seus objetivos. Casar-se com Débora era um deles. Apesar de ter sentido que seus pais não compartilhavam de sua opinião a respeito de sua noiva, concluía que se tratava de ciúmes, sentimento comum quando o filho único planeja se casar. Ele não pretendia lhes perguntar nada a esse respeito, pois poderia ser apenas uma impressão.

Cesar e Débora começaram a se preparar para o casamento. Poucas vezes Débora teve contato com os pais do noivo, pois residiam em cidades distantes. Ele que trabalhava no Rio de Janeiro procurava visitá-los constantemente, mas Débora, sempre que podia dava alguma desculpa para não viajar. Ela também não sentia nenhum carinho pelos futuros sogros. Algo em seu coração não estava muito claro, pois não conseguia definir o que sentia. Entretanto, nada deixava transparecer sobre seus sentimentos, até porque entendia que a distância física que existia entre eles cuidaria para que cada um seguisse seu caminho.

Mais alguns meses se passaram e finalmente chegou o dia do casamento. Mariana e Antero foram à cidade de Resende onde se realizaria a cerimônia, que apesar de simples foi bastante emotiva para eles. Por vários motivos seus corações estavam felizes, mas apreensivos, pois não conseguiam superar aquele sentimento de que aquela moça não faria seu filho feliz. Era algo muito forte, a impressão de que o amor demonstrado por Débora não era sincero não os deixava tranquilos.

No início da vida a dois, Débora se mostrava carinhosa, cuidando do lar com esmero e sendo uma boa companheira para Cesar. Entretanto, dizia que por ora não queria filhos, e sempre encontrava uma justificativa para protelar aquele desejo intenso de Cesar. Ser pai era para ele um objetivo que não tardaria a se realizar. Ele sempre demonstrou esse desejo durante o período de namoro, supondo que a esposa também participava de seus sentimentos, mas aos poucos, percebia que havia se enganado quanto ao desejo de Débora em ser mãe. A cada dia ficava claro para ele que ela não participava deste seu sonho.

Foi aí que começaram os desentendimentos. Cesar insistia e Débora se esquivava da maternidade. No íntimo, ela dizia para si mesma, como vou ter filhos, se não tenho paciência com criança, e não me vejo em momento algum como mãe. Mas, não demonstrava a Cesar seus verdadeiros sentimentos com relação a esse assunto. Ela questionava inclusive se realmente deveria ter se casado com Cesar, pois percebia que aquele sentimento inicial que julgava ser amor, na realidade, estava se desvanecendo. Tinha a impressão de que fora um encontro motivado por algo que ela não sabia definir muito bem. Sempre que estava sozinha deixava seu pensamento vagar, e algo que lhe parecia distante a fazia sentir certo arrependimento de ter ligado sua vida a de Cesar. Eram sentimentos controversos, por alguns momentos, parecia que queria estar a seu lado, e em outros sentia vontade de pedir a separação.

capítulo 10

Um ato impensado

Com o passar do tempo a vida foi se tornando monótona. Cesar aceitava tarefas que o afastavam do lar, procurando se preparar para ocupar novos cargos. Ele sabia que a busca constante de novos conhecimentos representava fuga do ambiente doméstico. Em seu íntimo também estava nascendo um sentimento de desprazer ao retornar ao lar.

O distanciamento entre o casal aumentava dia a dia, mas nenhum dos dois queria enfrentar o problema abertamente. Procuravam inconscientemente aguardar uma oportunidade mais propícia. Cesar, porém, em momento algum pensou que sua esposa pudesse cometer algum deslize, e nem lhe passava pela cabeça que ela pudesse ter algum relacionamento escuso.

Porém, durante uma determinada viagem recebeu em seu celular uma mensagem que o deixou transtornado, pois dizia o seguinte: "Se quiser conhecer de fato sua esposa, retorne imediatamente para casa, sem avisar ninguém". Cesar sentiu o sangue gelar em suas veias. Teve ímpetos de sair imediatamente daquela missão importante, mas sabia que precisaria esperar até o dia seguinte. E assim, passando a noite toda sem dormir, fazia suposições de como entraria em sua casa, sem ser notado. Na manhã seguinte, solicitou a seu superior aquele dia de folga, alegando ter recebido a notícia de graves problemas familiares. Assim viajou para sua cidade. Chegou a pensar que poderia ser uma brincadeira de mau gosto, ou mesmo um trote maldoso. Sua mente transitava por várias suposições, ao mesmo tempo. A estrada parecia infindável, dando a impressão de que a distância era muito maior do que era na realidade.

Cesar, verificando estar de posse de sua arma, seguiu em direção à sua casa. Deixou o carro na rua ao lado, dirigindo-se apreensivo àquele local que lhe parecia naquele momento uma incógnita. Queria que tudo não passasse de um grande engano, mas precisava verificar pessoalmente.

Entrou silenciosamente em casa e verificou que no seu quarto alguém conversava animadamente com Débora. Cesar se posicionou para entender as palavras ali proferidas. Mal conseguia acreditar no que ouvia.

– Débora, quando é que você vai pedir a separação a seu marido? Esta situação está ficando perigosa!!

– Calma, dizia ela. – Quando Cesar retornar, vou dizer

que nosso casamento acabou, e que não há a menor condição de ficarmos juntos. Preciso fazer as coisas "direitinho", pois temos esta casa, e os dois carros para dividir. Se já conseguimos por mais de dois anos conviver desta forma, podemos esperar mais um pouco.

Cesar, petrificado, entrou no quarto com a arma em punho. Ao se deparar com aquele quadro ficou estarrecido. Débora, abraçada a Danilo, seu amigo antigo, deu um salto e tentou se justificar. Danilo encarou Cesar, dizendo que precisam conversar. Mas, naquele momento, Cesar transtornado, não tinha condição de refletir ou mesmo de conversar. Cesar foi tomado por imenso sentimento de ódio e irrefletidamente atirou primeiramente em Débora, e em seguida em Danilo. O estado mental de Cesar naquele momento era lastimável, e, sem dúvida nenhuma, antigos desafetos do casal ali estavam alimentando aquela situação que comprometeria ainda mais aqueles espíritos que deveriam se reajustar na presente reencarnação.

Instalava-se o caos na mente de Cesar. Os tiros foram ouvidos pelos vizinhos, que imediatamente chamaram a polícia e o resgate. Ele ali permaneceu, por alguns minutos, com a arma em punho, ignorando o quadro assustador. Em seguida se escondeu em uma parte isolada da casa. Os vizinhos acorreram à residência, e em pouco tempo Danilo e Débora foram levados ao Hospital mais próximo, pois ainda estavam vivos. Como a porta da residência havia ficado aberta os vizinhos puderam conduzir os enfermeiros ao interior da casa, pois chegaram a pensar em assalto, e que o assaltante talvez tivesse fugido levando joias e dinheiro.

Mesmo observando que Débora não estava sozinha, ninguém fez nenhum comentário, pois nem todos conheciam muito bem o dono da casa, uma vez que Cesar viajava bastante.

Após a remoção de Débora e Danilo para o pronto-socorro, seu vizinho Sr. Leôncio que vira Cesar entrando em casa o chamou em voz alta. Ele tinha certeza de que Cesar ainda estava ali em algum lugar. A polícia ainda não havia chegado, e Leôncio insistia em chamar Cesar, dizendo que naquele momento era imperioso que ele se afastasse dali, para evitar o flagrante.

Naquele momento, Cesar atordoado, se apresentou em estado lastimável. Leôncio o aconselhou que instituísse um advogado para cuidar do assunto, pois ficou claro tratar-se de crime passional. E assim foi feito. Aquele vizinho que o aconselhara cuidou para que ele entrasse em sua casa, e ali permanecesse até que as coisas se acalmassem. Na verdade, o vizinho já havia visto algumas vezes aquele homem visitar Débora, sempre que Cesar se ausentava, a trabalho. E, por esse motivo resolveu ajudar. Cesar aos prantos agradecia emocionado aquele bom homem, que mesmo não o conhecendo profundamente, resolveu ajudá-lo naquele momento crucial de sua vida. Leôncio, procurando acalmá-lo, lhe falou de Jesus, da piedade divina, dos momentos de fraqueza e de desequilíbrio a que todos nós estamos sujeitos. Foram horas em que aquele novo amigo procurou ajudar da melhor forma possível.

Ao anoitecer, Cesar viajou para a casa dos pais. Chegou arrasado, com o semblante cansado e aflito, e relatou aos pais todo o acontecido. A dor se instalou naquele ambiente. Mariana e Antero entenderam, naquele momento, por que sentiam que algo aconteceria, e que mudaria suas vidas. Foram momentos de muita tristeza, em que os três se abraçaram e sentiram que precisam se unir a Jesus, para poder pensar com a calma necessária. Já era madrugada, e nenhum dos três conseguia dormir. A volta do filho naquela situação desesperadora deixou os pais de Cesar amargurados. Naquele momento toda a fé que os incentivava a lutar diante de qualquer dificuldade precisou ser acionada. Lutavam para não entrar em desespero, pois sabiam que o filho precisaria muito deles. A noite foi longa, pois a incerteza e o medo os dominavam.

Logo pela manhã, após o banho reconfortante, Cesar se dirigiu ao escritório do Dr. Sampaio, advogado conhecido na cidade pela capacidade profissional, e relatou toda a situação. O advogado experiente analisou o assunto com calma, e aconselhou Cesar, primeiramente a se inteirar, de alguma forma, do estado de saúde de Débora e de Danilo. Reconhecendo a gravidade da situação, orientou Cesar como deveria agir naquele período em que a fuga do flagrante precisaria acontecer.

Cesar retornou à casa dos pais, buscando forças para telefonar ao vizinho que o ajudara, solicitando informações. Tomou conhecimento da desencarnação de Débora, e do estado grave de Danilo. Tomado por enorme angústia ficou paralisado por alguns instantes. Sua mãe, que acompanhava ao longe aquele telefonema, colocou-se em oração, suplicando ao Mestre Jesus que concedesse forças a todos naquele momento. Cesar, ao desligar o telefone, sentiu que sua vida perdia o brilho diante daquela tragédia. O arrependimento tomava conta de todo o seu ser, e naquele instante refletia, embora tardiamente, que deveria ter agido de outra forma.

De imediato, Cesar retornou ao escritório de Dr. Sampaio, informando-o da real situação, e como uma criança assustada, fez inúmeras perguntas:

– O que devo fazer?

– Como vou enfrentar esta situação?

– Como ficará minha carreira militar?

Orientado pelo advogado, foi sugerido que se ausentasse pelo tempo necessário, e que permanecesse confiante, pois ele, Dr. Sampaio, como profissional, conduziria o caso de maneira a encontrar as justificativas inerentes a um crime passional, como era o caso. Dr. Sampaio relembrou que aquele tipo de crime é frequente, e que o temperamento latino dá vazão a atitudes que, infelizmente, acabam em verdadeiras tragédias. Procurou acalmar seu cliente, pois em sua longa trajetória jurídica tinha muitos casos a relembrar.

capítulo 11

Consequência dos erros

Assim aconteceu. O advogado apresentou seu cliente no momento adequado, dando início aos procedimentos normais. Ficou acordado que Cesar responderia ao processo em liberdade. Restava saber como seria sua vida de militar, pois ele estava absolutamente confuso diante daquela situação. Em alguns momentos desejava desaparecer da face da Terra, em outros, sem perceber que estava sendo influenciado por espíritos menos esclarecidos, procurava justificar sua atitude, buscando argumentos que lhe davam o direito de agir da forma como agiu. Sua mente estava tomada por um turbilhão de ideias que variavam entre o arrependimento e a raiva pelo comportamento de Débora, que o levou a cometer aquele crime no momento do desvario.

Por certo não gostaria de retornar a Resende. Dr. Sampaio intermediou a transferência de Cesar para o interior do estado de São Paulo, o que não foi difícil, pois o drama vivido por seu cliente despertou sentimento de profunda comiseração em todos os que o conheciam. Ele gozava de bom conceito no ambiente de trabalho, e sendo assim, não teve dificuldade em conseguir a transferência.

Passados alguns meses, Cesar começou a se sentir muito mal. Ora se sentia atordoado, e em outros momentos sentia seu peito comprimido a ponto de lhe faltar o ar. E vários pensamentos aterrorizantes o assaltavam durante a noite. Por alguns momentos sentia não ter controle sobre seus movimentos, e era acometido por vários sintomas. Iniciava-se assim um período de grande sofrimento, e o terror o acometia sempre que escurecia. Ao chegar à sua casa, onde morava sozinho, deixava-se levar por sentimentos negativos que o colocavam a mercê de irmãos espirituais que o afligiam.

Começava, então, seu calvário pela busca de médicos, verdadeira maratona de exames, sem que nada fosse diagnosticado. Várias foram as condutas médicas, porém nenhum tratamento conseguiu minimizar seus sofrimentos. Os meses foram se passando, e ele não conseguia modificar aqueles quadros mentais que o acometiam e o corpo físico começou a ficar debilitado.

Mariana e Antero, com o intuito de auxiliar o filho, não

titubearam em deixar sua cidade, fechando sua casa para se colocarem junto ao filho querido, levando a ele o alento e o seu amor de pais. Chegaram naquele momento de profundo desespero diante de todos os tormentos que o estavam assaltando. Para aumentar ainda mais aquele sofrimento a angústia tomava seus corações, pois se aproximava o dia do julgamento de Cesar.

Mariana, portadora de grande sensibilidade, percebeu que o campo vibratório do filho estava impregnado de energias negativas, e sentiu que todo aquele mal-estar devia-se à influência espiritual que era nítida. Recorreu às orações com todas as suas forças, pedindo a Jesus que fortalecesse seu filho diante de todo aquele sofrimento que o estava atingindo. O arrependimento pela atitude tomada criou na psicosfera espiritual de Cesar campo propício para que irmãos sintonizados naquela faixa encontrassem ali o aconchego para seus anseios. Mariana tinha conhecimento de que a Lei de Sintonia abria campo para que se estabelecesse um processo de profunda influência espiritual.

Mariana buscou de imediato se informar sobre a existência de Centros Espíritas na cidade. Buscou ajuda espiritual, e após conhecer os quatro Centros ali existentes, se afinou com a Casa Amor e Luz. Sentiu-se mais confiante, começando a frequentar aquela Casa onde buscava forças para levar ao filho, e recorrendo ao auxílio espiritual iniciou, junto a Antero, a assistência espiritual tão necessária ao equilíbrio da família. Cesar recusou-se, inicialmente, a acompanhá-los, embora tivesse na mocidade conhecido aquela Doutrina de amor. Era de se esperar aquela reação, pois na trama negativa em que se encontrava sua vontade havia se enfraquecido de forma inequívoca.

No outro lado da vida, vamos encontrar Débora em situação lastimável. Cabelos em desalinho, vestimenta danificada, como se tivesse sido vítima de um furacão. Seus pensamentos estavam desconexos. Procurava Danilo, pois se recordava de estar ao seu lado quando Cesar, seu esposo, inesperadamente os surpreendera. Ela gritava, apavorada, pedindo que Danilo se escondesse, pois Cesar estava armado.

Esse quadro mental a atormentava. Ao mesmo tempo em que se via ferida, e clamava por socorro, ela tinha a sensação de que estava em sua casa, junto com Danilo. Via Cesar possesso, e toda essa confusão mental fazia com que ela não entendesse o que estava acontecendo. Não se dava conta do tempo, e as lembranças do momento vivido se confundiam. Em alguns momentos tinha a sensação de que estava no corpo físico, em outros percebia que já não estava mais ligada à vida terrena.

Foi nessa situação que alguns espíritos situados naquele mesmo plano a encontraram, e de imediato começaram a dizer:

– Não seja infantil! Você deixou aquele corpo, olhe bem para si mesma! Veja os ferimentos que seu marido lhe causou! Deixe de ser teimosa, e comece a tirar proveito desta situação!

Em meio a risadas e chacotas eles diziam que ela não podia deixar "barato". Que precisava encontrar aquele criminoso que interrompera sua vida, no momento em que ela havia encontrado o amor verdadeiro. Eles a incentivaram a buscar na vingança o lenitivo para toda aquela angústia. Demonstraram solidariedade, dando a impressão de que queriam ajudá-la, pois ela havia sido uma vítima... Aqueles irmãos sabiam como convencer espíritos desavisados a tomarem a vingança como forma de revide pelas injustiças recebidas.

Não foi difícil localizar Cesar, pois diante do arrependimento que o dominava, ele criou um campo mental propício às visitas espirituais de espíritos que se compraziam em fazer da vida dos encarnados um verdadeiro suplício. No caso de Cesar, em virtude do passado espiritual que eles conheciam, ficou ainda mais fácil. Ele trazia do passado débitos a ressarcir, e havia falhado nesse compromisso.

Para despertar em Débora ódio ainda maior, aqueles irmãos atormentados relataram a ela detalhes daquela reencarnação em que Mariana e Cesar, então em outros corpos, haviam tido uma ligação intensa e que ela, Débora, também fizera parte do enredo, pois fora ela a esposa, que traída, ficara viúva, enfrentando uma situação de muitas dificuldades para sustentar os filhinhos ainda pequenos e carentes.

Débora, naquele momento, lembrou-se que não havia se afinado com os pais de Cesar, desde o primeiro encontro, começando agora a entender as causas que despertaram nela sentimentos incômodos. Então, eles já se conheciam!! Estava aí a explicação para aquela aversão gratuita que criara um abismo entre eles. Sentiu naquele momento que tinha motivos para rejeitar Mariana, pois ela apenas estava vestida em pele de ovelha, quando na verdade era uma loba que havia destruído sua felicidade.

Essas lembranças fizeram com que ela se entregasse a forte desejo de vingança. O que Débora não percebeu é que já naquela época tinha enorme débito para com a Lei de Causa e Efeito, ocasionado por atitudes que feriram de maneira cruel corações devotados a ela. Naquela oportunidade ela aceitou como prova ser uma mãe desvelada e uma companheira amorosa, mas na realidade nada disso aconteceu. E quanto a Julian, mesmo sendo um espírito endividado, convivia com aquela família que não representava para ele o porto seguro com que sonhava.

Quando Julian (agora Cesar) reencarnou, em época remota, trouxera como objetivo o reencontro com ela, que por sua vez também tinha se comprometido a lutar para a reconciliação, pois ambos tinham grandes débitos a ressarcir. O envolvimento com a Mariana de hoje veio agravar o débito de Julian, provocando assim o recrudescimento do ódio que já amargava o coração daquele grupo, e que atualmente, se reencontrava para os ajustes necessários.

Débora agasalhou apenas as lembranças que lhe incentivavam a vingança. Não permitiu que as causas anteriores viessem lhe trazer as explicações sobre cada situação, o que a fazia se colocar sempre em posição de vítima. E assim, ela construiu um mundo interior altamente vingativo e o ódio passou a ser a sua motivação.

Planejava levar Cesar à loucura, auxiliada por irmãos que se colocavam na posição de justiceiros. Traçaram o roteiro de vingança, e ela iniciou o processo de confusão mental, em que ele não conseguia identificar os motivos que o levavam a se sentir bloqueado em seus pensamentos.

Mariana, frequentando o Centro Espírita, buscava o amparo espiritual para o filho, esforçando-se ao máximo para que ele participasse do Evangelho no Lar, e que procurasse a Casa Espírita para a assistência fraterna. Ela e Antero se apegaram com fé às orações diárias, no intuito de levar o filho até ao Centro Espírita, luta essa que os colocou frente a frente com o grupo de espíritos que juntamente com Débora minavam as forças de Cesar. Aqueles pais que já percebiam a energia negativa, tudo faziam para manter a vibração fraterna dentro do lar, enfraquecendo assim o domínio do grupo obsessor.

Antero, intuído pela equipe espiritual que assistia àquela família, aconselhou o filho a buscar um médico psiquiatra, que após a avaliação dos sintomas, indicou medicações para minimizar aqueles sintomas, aparentemente, de ordem psicológica. Cesar, de postura materialista, aceitou o tratamento, pois entendia que tudo o que sentia era puramente físico. Por mais que os pais se esforçassem ele estava refratário a buscar o socorro da Espiritualidade.

Mariana iniciava a árdua tarefa de convidar o filho a procurar ajuda espiritual. E, evidentemente, ele recusava veementemente, incentivado por Débora que não pretendia de modo algum perder o controle sobre Cesar. A cada dia ele se sentia mais confuso, ora se vendo no passado remoto e delituoso, ora retornando ao passado recente, quando atirou em Débora e em Danilo. Estas lembranças o levavam a imenso descontrole emocional. Eram crises de choro mescladas a momentos de violência dentro do lar.

Diante daquela situação, o afastamento de suas funções profissionais foi inevitável. Isolou-se completamente, e os pais procuravam de todas as formas retirar o filho amado daquele sofrimento. Cesar foi definhando, pois até a alimentação havia sido comprometida por aquele processo obsessivo. Mariana sentia que todo aquele quadro era fruto dos erros do passado remoto, em que ela tivera enorme participação.

capítulo 12

O julgamento de Cesar

Chegou finalmente o dia do julgamento. Mesmo medicado, Cesar se dirigiu ao local, acompanhado do advogado e de seus pais. As testemunhas arroladas, que se propuseram a depor em juízo, relatando as visitas de Danilo, pois como vizinhos, por várias vezes acompanharam discretamente aqueles fatos, também estavam assediadas por Débora que procurava de todas as formas confundir seu raciocínio. Mas, como as Leis do Pai são soberanas e justas, o auxílio espiritual não faltou naquele momento, e os depoimentos foram convincentes.

Cesar, profundamente abalado, foi duramente interrogado pelo Promotor, mas conseguiu expor tudo o que sentiu naquele momento de constatação da traição da esposa. O advogado de defesa, com atuação brilhante, explorou toda a justificativa de um crime passional, em que o marido ultrajado, em defesa de sua honra, acabou perdendo toda a capacidade de equilíbrio emocional. Foram horas de grande expectativa para aqueles corações. A Espiritualidade agia com serenidade, a fim de que as Leis Divinas se cumprissem.

Danilo, recuperado, foi chamado a depor como testemunha de acusação. Evidentemente, negou toda a versão apresentada pela defesa de Cesar. Orientado pelo advogado da família de Débora procurou demonstrar que era simplesmente um amigo, que agia até como um irmão, fazendo companhia à sua amiga Débora que passava os dias completamente só, em virtude da carreira militar do esposo. Em suas respostas direcionava as palavras no sentido de mostrar que Cesar não amava Débora, e que ele havia imaginado uma situação que não era verdadeira, e que havia praticado um crime que agora queria justificar, alegando inverdades.

A cena revoltava profundamente Cesar que via diante de si o responsável por sua desdita, mas não podia interferir em seu depoimento. Ele pedia insistentemente que Dr. Sampaio fosse duro no momento de fazer seu questionamento a Danilo, no tempo que lhe seria concedido para isso.

Para a tranquilidade de Mariana, ela sentia a presença de vovó Francisca que envolvendo Cesar procurava transmitir serenidade, diante daquela banca jurídica. Foram momentos de grande expectativa, e finalmente após horas de depoimentos, horas de angústia ante a atuação da Promotoria e da Defesa, o Juiz encerrou aquela etapa do julgamento. A espera seria angustiante para aquela família em desespero.

Quando chegou o instante do veredicto, Antero e Mariana, com o coração em frangalhos, olhavam o filho debilitado, sendo convidado a se levantar para ouvir a sentença. Fecharam os olhos, em oração emocionada, e quando o juiz informou a absolvição do réu, visto se tratar de crime cometido sob violenta emoção, lágrimas até então contidas extravasaram em cachoeira de emoções. Naquele momento de profunda alegria, o amor verdadeiro dos pais era direcionado ao filho que vivia o pior momento de sua vida atual.

Cesar mal conseguia assimilar o significado daquele instante. Débora, em um ímpeto de ódio o esbofeteou, descarregando toda sua ira em forma de fluídos altamente deletérios. Ele se sentiu desfalecer diante de tamanha investida, sendo socorrido, e deixando o tribunal diretamente para o pronto-socorro. Débora não estava sozinha ali naquele ambiente. Os novos amigos da Espiritualidade que a incentivavam a procurar justiça conforme eles entendiam, também compunham aquele séquito de almas em desequilíbrio.

Cesar foi medicado, e depois de algum tempo recobrou a consciência, contudo permaneceu apático. Os médicos não constataram problema que justificasse aquele estado de saúde.

Cesar, ainda hospitalizado recusava os alimentos, e recorria aos sedativos para evitar os acessos de cólera intercalados a momentos de profunda apatia. O quadro era demais preocupante. Infelizmente, a influência espiritual estava conseguindo aniquilar os benefícios que o tratamento médico deveria proporcionar.

Mariana buscou o socorro da Casa Espírita. Cesar, em espírito foi trazido à reunião mediúnica, a fim de ser socorrido. A equipe espiritual dirigente daquele posto de socorro espiritual colocou trabalhadores espirituais preparados junto a Cesar, com o objetivo de libertá-lo do jugo dos antigos desafetos. Para isso foi necessário também dar início a uma tarefa bastante árdua: a conscientização do espírito Débora, diante daquela situação de vingança.

Débora procurou por Cesar-espírito, dirigindo-se ao Hospital onde ele estava internado, e foi recepcionada pelo Irmão Juvêncio, espírito amigo que recebeu a incumbência de socorrer aqueles desafetos. Ela se irritou com aquela intromissão, esbravejou, no entanto recebeu em troca palavras de carinho, de amor e de compreensão. Ficou surpresa diante daquele quadro, pois aquele senhor simpático, que estava disposto a ouvi-la, ao invés de recriminá-la começou a oferecer seu ombro amigo para ampará-la. Débora começou a relatar seus motivos para proceder daquela forma, não se apercebendo que Irmão Juvêncio tinha conhecimento de toda a trajetória que ela vivenciara, há séculos e séculos. Ela entendia ter seus direitos, uma vez que se sentia prejudicada por aquele com quem havia convivido inúmeras vezes. Falava apenas das situações em que era a vítima, e encontrava motivos suficientes para promover a destruição daquele que tanto a havia prejudicado. As lembranças que poderiam demonstrar o seu comprometimento em toda aquela situação ela escondia, sem avaliar que para o bondoso Irmão Juvêncio não havia novidade naquela trama.

Irmão Juvêncio carinhosamente a consolou, dizendo entender seu sofrimento, e se colocou à disposição para ajudá-la.

Ela entendeu que ele iria participar daquela cobrança direcionada a Cesar, e então se desarmou. Ela queria saber onde estava Cesar-espírito, uma vez que ali adormecido estava apenas o seu corpo. Irmão Juvêncio serenamente a informou que ele estava recebendo tratamento, pois afinal, se ela pretendia interrogá-lo a respeito de todas aquelas existências que eles haviam vivido juntos, ele precisava ser fortalecido de alguma forma, para poderem conversar. Sugeriu ainda a Débora o deixasse com Cesar, em seu retorno, pois ele poderia auxiliar bastante, e de uma forma muito produtiva. Mais uma vez Débora o considerou um aliado seu, e resolveu deixar o quarto do Hospital.

Enquanto isso, Cesar-espírito, levado que foi ao Centro Espírita, recebeu a sustentação das orações que ali foram proferidas, nimbadas pela luz da fé e da esperança. Sentiu-se mais fortalecido, pois os dirigentes da reunião mediúnica o esclareceram da importância em preservar sua saúde física, a fim de dar continuidade à sua existência no corpo físico. Recebeu energias salutares, e ainda o carinho de vovó Aparecida, e da bisa Francisca.

Reconduzido ao corpo físico, repousou serenamente, apresentando-se o campo energético mais leve, depois dos benefícios trazidos pelos Amigos queridos, que na Espiritualidade realizaram suas tarefas direcionadas ao bem e ao amor.

Na manhã seguinte, Cesar estava com a aparência bastante melhorada. Aceitou o café da manhã, e até conseguiu se sentar para fazer a refeição. Mariana exultou ao ver o filho reagindo àquela letargia. Juntos, oraram a Jesus pela melhora visível, e sentiram que naquele quarto alguma coisa estava diferente. Constataram leve serenidade que até então não sentiam no ambiente. Cesar não se recordava do ocorrido da noite anterior, mas sentia que algo muito positivo havia ocorrido, pois uma leveza tomava conta de todo o seu ser.

Mas, ao longo do dia, Débora retornou ao hospital na certeza de ouvir de Irmão Juvêncio de que forma ele iria ajudá-la a conseguir o seu intento. Seu objetivo, como ela mesma já havia dito, era promover a desencarnação de Cesar, para que pudesse, contando com a ajuda de seus amigos, torná-lo prisioneiro, fazendo com que ele sofresse por todos os deslizes praticados, e implorasse o seu perdão. Em seu quadro mental profundamente odioso, tinha como certo que conseguiria seu intento.

Na entrada do quarto de Cesar Irmão Juvêncio contou com a colaboração fraterna de dois tarefeiros da equipe, e isso incomodou Débora, que ao chegar os interrogou. Os espíritos-tarefeiros se identificaram como auxiliares de Juvêncio, então ela se sentiu mais aliviada, pois em seu conceito, eram espíritos coadjuvantes em seu plano. Mas, ao perceber que Cesar apresentava sinais de melhoras, ficou muito intrigada. Procurou por seus amigos-comparsas e não os viu naquele ambiente, o que lhe causou surpresa, pois eles haviam se comprometido a trabalhar juntos, para "fazer justiça". Ela chegou a pensar que talvez eles estivessem se preparando para o golpe final, pois aniquilar a saúde de Cesar consistia no objetivo comum deles também.

Naquele instante de reflexão, Débora chamou Juvêncio, que já estava no local, mas ainda não se fazia visível a ela. Quando ele se apresentou, ouviu todas as suas perguntas, em tom bem agressivo, a respeito do que ele estava exatamente pretendendo. Irmão Juvêncio, ligando-se ao Pai Celestial, envolveu Débora em fluídos serenos, e iniciou sua tarefa de conscientização. Foram palavras de carinho, porém revestidas da realidade que a incomodava, mas a ascendência moral de Juvêncio representava força inexplicável que a continha nos impulsos que já eram visíveis. Naquele momento, as bênçãos de Jesus envolviam todo o ambiente.

Irmão Juvêncio a convidou para ir até ao jardim daquele hospital, onde poderiam conversar melhor. E, carinhosamente, falou do amor do Mestre Jesus por todos nós, seus irmãos menores, e falou das nossas inúmeras reencarnações, como oportunidade de evolução. E, assim preparou o terreno para a conversa que mais se fazia necessária naquele momento. Após algum tempo de conversa fraterna, ele pediu a Débora que relembrassem juntos algumas vivências em que ela havia prejudicado imensamente não somente Cesar, mas também Mariana e Antero, por meio de atitudes que causaram muita dor, muito sofrimento.

Relembrou ainda que na época em que ela fora esposa de Julian, ela também falhara muito, pois fizera da vida dele um inferno total, motivada por sua índole perversa. Na condição de esposa e mãe extravasara seu temperamento agressivo a todos aqueles que conviveram com ela.

Na realidade, aquela reencarnação que não foi devidamente aproveitada representou excelente oportunidade de reajuste para ela, junto de seu esposo e filhos. Acrescente-se também que por ocasião da morte de Julian, ela na verdade não sentiu compaixão, como queria demonstrar no momento presente, como justificativa para sua vingança.

Irmão Juvêncio deixou claro que a atitude de Cesar, naquele momento, seria debitada a ele, como acontece com todas as falhas de qualquer ser humano, e que não competia a ela essa cobrança. A Lei de Causa e Efeito atinge a todos, e ele certamente iria responder por seu ato impulsivo e condenável. Mas, que ela não se esquecesse de sua participação ativa na motivação do crime, assim como Danilo.

Ao se referir a Danilo, Irmão Juvêncio sentiu que havia tocado no ponto crucial. Débora, que o amava realmente, ficou muito alterada. Ela, que esteve calada até aquele momento, se desmanchou em lágrimas, pois na condição de desencarnada e ele ainda reencarnado, mais uma vez estariam separados.

Diante dessa lembrança, Irmão Juvêncio percebeu que Débora iria persistir em seus propósitos de vingança. E, foi o que aconteceu, ela não se tornou agressiva, mas começou a argumentar suas razões, esperando que, se houvesse justiça, Cesar também deveria retornar à Espiritualidade, ceifando seus sonhos atuais. Por que somente ela havia interrompido sua vida, quando pretendia se separar de Cesar e se unir a Danilo, seu verdadeiro amor?

Mais uma vez, as orações de Irmão Juvêncio trouxeram luz àquele espírito desarmonizado com o bem. Débora novamente sentiu desejo de conversar um pouco mais com aquele novo amigo que lhe parecia ser um velho conhecido e que, às vezes, lhe recordava alguém que ela não conseguia identificar. Na presença de Irmão Juvêncio começou a sentir algo que não sentira antes, certa serenidade, pois ele lhe dava segurança e carinho. Era como se não mais estivesse sozinha, tinha a sensação de que alguém já se preocupava com ela.

Assim, aquela primeira tentativa já havia trazido algum benefício. Com o afastamento de Débora a equipe socorrista envolveu Cesar em fluídos de sustentação, o que lhe deu novo ânimo. Sua aparência já melhorada trouxe enorme alegria aos pais.

capítulo 13

Débora no plano espiritual

Mariana, cuja sensibilidade conseguia registrar todo o trabalho de amor que ali se desenvolvia, em um curto período de sono, em desdobramento, conversava com Irmão Juvêncio e recebia daquele servidor palavras de esperança a respeito do estado de saúde de seu filho. Sentia enorme alegria, pois com certeza os caminhos daquela família começavam a ficar mais tranquilos.

Débora já não estava tão certa de seus propósitos, mas ao se encontrar com aqueles supostos amigos eles a ridicularizaram, chamando-a de covarde, de ingênua, dizendo que ela fora enganada pelas palavras doces de quem na realidade só queria proteger o seu algoz. Ela ficou dividida entre o que começava a brotar em seu coração, e aquelas "verdades" que acabava de ouvir. Foram momentos de retorno aos sentimentos mesquinhos do ódio e da vingança.

Naquele momento em que Débora começou a sentir o ódio envenenando o seu coração, a bondosa vovó Francisca, que acompanhava o trabalho de Irmão Juvêncio, apresentou-se para Débora, revestida de luz azulada, que refletia toda sua bondade. Ela a abraçou com muito carinho, chamando-a de filha. Débora ficou surpresa, pois tinha clara em sua lembrança a figura da mãe que havia ficado na Terra. Mas, ao mesmo tempo sentia que aquela mulher ali à sua frente tinha, sim, forte ligação com ela. Acolhida com tanto amor, ela sentiu enorme vontade de chorar e de ser amparada. E, assim, ficou abraçada à Francisca que a convidou a conversarem em local aprazível, conduzindo-a a um imenso jardim, onde cascatas tornavam o ambiente sereno e onde as flores traziam um colorido agradável, conseguindo acalmar aquele espírito tão necessitado de ajuda. A energia daquele local envolveu Débora em muita paz.

Francisca, amorosamente, relembrou algumas passagens do passado espiritual de Débora, focando mais nas oportunidades que ela teve como mãe e que na maioria delas falhou. Sem condená-la, nem criticá-la, mostrou o quanto Deus, Pai de Amor e Bondade, deu-lhe recursos para ressarcir esse passado. Lembrou ainda que em sua última existência interrompida recentemente, ela havia se comprometido a receber dois espíritos, como filhos abençoados, os quais haviam sido abortados por ela em reencarnações anteriores. Foram minutos de intensa emoção, pois Débora sentia que eram verdadeiras as palavras de Francisca.

A bondade de Deus, como recurso oferecido a todos os necessitados, tornou aquele momento muito marcante. Débora se emocionou muito, e pedindo ajuda a Francisca, queria ter forças para não mais ser sugestionada por aqueles espíritos que a impulsionavam a dar vazão aos seus sentimentos menores. Foi orientada que isso seria perfeitamente possível, desde que ela buscasse Jesus, pedindo a Ele que a guiasse em sua decisão. Francisca a alertava que não seria nada fácil libertar-se daquela influência, contudo afirmava que ela poderia contar com a ajuda que ela e Juvêncio estavam dispostos a oferecer.

Débora, então, aceitou ser conduzida por Francisca à Colônia Espiritual Fraternidade e Amor, um local no Plano Espiritual onde receberia orientação e apoio, para poder se recuperar e dar novo rumo ao seu caminho de aprendizado. Sabia que essa seria uma oportunidade valiosa para reencontrar a paz perdida, e no futuro, reencontrar também aqueles afetos mais puros ao seu coração. E, assim começou um novo momento na vida de Débora. Ela sentiu que uma nova fase estava assinalando seu caminho evolutivo.

A sensação de que um enorme peso havia saído de sua alma deixava Débora mais feliz. Ela começava a sentir que precisava se esforçar muito para romper definitivamente aqueles grilhões de ódio seculares.

Cesar, mediante todo o trabalho de orientação e socorro que Débora recebia, sentia-se mais leve, e já estava pronto para retornar ao lar, onde concluiria seu tratamento. Sentia, aos poucos, sua capacidade de raciocínio voltar, e as dores e o mal-estar cessarem, restando apenas profunda melancolia que ainda o incomodava bastante. Começava a ter novas esperanças e sabia que poderia superar todo aquele tormento. Uma nova luz começava a iluminar sua alma.

Mariana agradecia diariamente todo o apoio recebido naqueles meses de tanta dor, e se preparava para poder, junto a Antero e Cesar, retornar à sua cidade natal, onde, a partir daquele momento, poderia recomeçar a vida junto do filho e do esposo que já não gozava mais de uma saúde perfeita.

Cesar conseguiu, mais uma vez, a transferência em seu trabalho. Iria desempenhar suas funções em uma cidade bem próxima à sua terra natal, e dentro de pouco tempo tudo já estava seguindo a normalidade.

capítulo **14**

O recomeço

Assim, naquela manhã de sol a família partia de retorno àquela casa tão amada, onde passaram tantos anos, onde Cesar cresceu, e onde tanta história foi construída. Ficava a pergunta:

– Como vamos recomeçar essa nova etapa? Será que estamos todos preparados para esse recomeço?

Cesar, uma vez recuperado retornou ao trabalho profissional, após algum tempo de afastamento, mas graças à sua tenacidade foi aos poucos retomando sua rotina. Mesmo assim, eram muitos os momentos em que se recordava dos acontecimentos que marcaram tanto sua vida. Tinha a impressão de que tudo não tinha passado de um sonho, aliás, um breve sonho. Ao se recordar de sua chegada a Resende, o início na Academia Militar, o dia em que conhecera Débora, o início do namoro, o casamento, enfim aquela etapa que tivera um final tão infeliz, ele ainda se deprimia e as lágrimas retornavam abundantemente.

A saúde de Antero piorava bastante, e depois de alguns meses ele retornou ao plano espiritual. Francisca, que fora sua sogra em sua última reencarnação o aguardava junto de sua mãezinha, para recepcioná-lo na chegada ao novo plano de vida. Levado ao Hospital Espiritual, Antero iniciou o processo de adaptação à sua nova condição espiritual. Após a perturbação natural que apresentam todos os espíritos ao desencarnar, ele adentrou à fase de conscientização e análise de sua última experiência terrena, bem como, começou a ter acesso às recordações de existências anteriores.

A vida de Cesar e de Mariana ficou, após a partida de Antero, mais vazia, sendo preenchida pela dedicação imensa com que ambos se entregavam às tarefas sociais e religiosas que abraçaram. Mãe e filho iniciaram estudos mais aprofundados na Doutrina Espírita, pois eles desejavam aprimorar seu conhecimento doutrinário, para poder desempenhar funções nos campos da divulgação e do ensino da Doutrina. Suas vidas adquiriram um outro sentido, e aos poucos foram retomando os caminhos da esperança.

Na Espiritualidade, Francisca continuou a apoiar Débora, pois sua menina já sabia que a conhecia de alguma forma. Após a recuperação de Débora, Francisca revelou que ambas realmente haviam sido mãe e filha em várias reencarnações. Mas, nem sempre suas vidas tinham sido tranquilas, pois tanto uma quanto a outra acabaram se perdendo em vaidade e egoísmo, em várias ocasiões. Porém, Francisca conseguiu, após algumas provas difíceis, superar mazelas centenárias, e aos poucos foi depurando seu caráter, enquanto Débora, estacionada na faixa do egoísmo, cultivava vingança e ambição.

Essas reflexões trouxeram momentos de muita emoção a essas duas almas em constante evolução. Quantas lembranças!! Quantas recordações preciosas proporcionaram à Débora grande incentivo para solicitar um retorno a Terra para alcançar, dessa vez, o progresso almejado. E, assim, pedia a intercessão de Francisca, junto aos Mentores Amigos, para que ela pudesse reencarnar. Os Instrutores Espirituais a orientavam no sentido de se preparar convenientemente, pois o retorno somente seria possível se ela demonstrasse condições de ter aproveitamento, para que não viesse a se comprometer ainda mais perante as Leis da Vida.

capítulo 15

O retorno de Débora

Após a preparação necessária, Débora conseguiu a permissão para retornar ao corpo físico. Ela havia sido informada que retornaria junto a Cesar, para que dessa vez a reconciliação fosse alcançada. No início sentiu muito medo nesse processo de reencontro, mas, auxiliada por Francisca, preparou-se com coragem e decisão.

Por várias oportunidades, durante o desdobramento pelo sono físico, Cesar e Mariana foram convidados a se reunir com Francisca, Irmão Juvêncio, e outros Amigos Espirituais para tratarem do retorno de Débora, o que aconteceria de uma forma bastante interessante. Cesar, assim como Débora, também se assustou no momento em que foi consultado sobre o reencontro que traria novamente a eles a sagrada oportunidade do perdão. As Leis Divinas, mais uma vez, apresentavam a rota da reencarnação como caminho seguro ao resgate que aprimora as almas.

Por sua vez, Cesar e Mariana se dedicavam ao auxílio a um orfanato, onde levavam muito amor, e aos poucos foram se afeiçoando muito às crianças que ali viviam. Inicialmente, levavam a Evangelização àqueles coraçõezinhos, e depois de algum tempo, tornaram-se voluntários assíduos. Todos os domingos as crianças já esperavam o tio Cesar e a vovó Mariana, que os abraçavam com todo carinho.

Cinco anos se passaram, e certa manhã, ao chegarem ao orfanato Cesar e Mariana se depararam com um alvoroço no ambiente. Havia sido encontrado no portão de entrada um pequeno volume. E, a diretora do orfanato, dona Eulália, estava aflita e confusa, pois ao abrir aquela espécie de pacote, se deparou com um bebê, que pelo que parecia, tinha apenas algumas horas de vida. Apressou-se em buscar socorro para aquela criança. Imediatamente, Cesar se ofereceu para acompanhá-la ao hospital, a fim de levar o bebê para os cuidados médicos necessários.

Dona Eulália, conhecida dos atendentes do hospital, rapidamente relatou o fato e de imediato a criança foi levada para as providências necessárias. Como nas cidades do Interior as pessoas formam uma espécie de grande família, de imediato, se procurou localizar aquela mãezinha, que certamente em momento de desespero cometera aquele ato tresloucado.

Em vão se procurou localizar aquela mulher, que certamente enfrentava dificuldades imensas, pois ao abandonar seu filho, com certeza estaria sob o domínio de sentimentos controversos. As providências legais foram tomadas, e a pequenina criança retornou ao orfanato, encaminhada pelas autoridades competentes, a fim de receber os cuidados imprescindíveis à sua sobrevivência.

Mariana e Cesar ficaram muito comovidos com toda aquela situação. E, coisa estranha... Apresentavam sentimento inexplicável junto à garotinha... Parecia-lhes que aqueles olhinhos lhes recordavam alguém... Mas quem? E movidos por um sentimento misto de curiosidade e atração, foram se afeiçoando àquela criança. As visitas, inicialmente, aos domingos passaram a ocorrer também às quintas à noite. A criança contava com seis meses de vida, e quando estavam junto dela, um sentimento forte envolvia Mariana e Cesar. Ambos eram tocados de maneira diferente, mas ainda não haviam conversado a respeito.

Mariana sentia muita vontade de propor a Cesar que tentassem a adoção daquela menina indefesa, mas tinha receio de que ele não concordasse. Cesar, por sua vez, nutria o mesmo sentimento, mas pensava igualmente que sua mãe não fosse gostar de ouvir tal proposta.

Certo dia, ao chegarem ao orfanato, dona Eulália comentou com ambos que seria muito bom se alguma família se dispusesse a adotar a menina, pois ela era bem frágil, e precisaria de muitos cuidados. Ambos se entreolharam, e imediatamente uma força maior os envolveu. Quase sem perceber, ao mesmo tempo disseram:

– Nós poderíamos nos candidatar a essa adoção?

Dona Eulália, de imediato, esboçou um largo sorriso, dizendo:

– Vocês seriam as melhores pessoas para isso. Nós, inicialmente, precisaríamos formalizar o pedido, e evidentemente Cesar seria o candidato a pai. Talvez haja alguma dificuldade, pois sendo viúvo, provavelmente essa situação não seja vista com bons olhos pelo Juiz da Vara da Infância. É preciso que a família esteja formada pelo pai e pela mãe, embora, eu pessoalmente saiba que você Mariana tem todo o amor do mundo para preencher a vida dessa criança.

Cesar surpreendeu todos ao dizer:

– Mas, eu estarei viúvo por pouco tempo...

capítulo 16

Um ato de amor

Mariana ficara surpresa, pois não havia percebido ainda o interesse do filho por alguma moça. Ela o interrogou com o olhar, e ele, meio desajeitado, disse:

– Mãe, estou namorando a filha de sua amiga Tereza, mas pensava ser cedo ainda para lhe comunicar. Lembra-se de quando nos encontramos lá no Centro, para a comemoração do Natal, com as crianças da Evangelização? Pois bem, sentimos forte atração um pelo outro e a partir daí começamos a nos conhecer melhor.

– Tatiana é uma garota formidável. Dotada de um coração generoso, tem sido uma grande companheira. Nossos pontos de vista são bem semelhantes, e sentimos afinidade muito grande desde o primeiro momento. Eu já havia comentado com ela que queria levá-la à nossa casa, para que a senhora a conhecesse melhor. Embora eu saiba que vocês se conhecem desde que ela nasceu, sei também que há muito tempo não se visitam, em razão de todos os tumultos que temos enfrentado nos últimos anos.

Mariana ficou muito feliz com a notícia. Pediu a dona Eulália, que ainda não oficiasse à assistente social, a intenção de adoção para aquela linda garota. Entendia que Cesar precisaria formar uma família, para que tivesse mais chances em conseguir seu intento. E assim, mais seis meses se passaram.

A intenção de se unir à Tatiana tornou-se um motivo de alegria na vida de Cesar. As famílias se aproximaram ainda mais, e ficou decidido que o casamento seria dentro de três meses. A cerimônia, que contou com os amigos mais chegados, foi realizada na casa de Tatiana que, embora simples, era muito agradável. O jardim da casa foi o ambiente escolhido para a realização daquela cerimônia ao ar livre, que após ser conduzida pelo Juiz de Paz, teve sua finalização com uma belíssima explanação sobre o amor, completada com uma prece em que todos os convidados formaram um suave coro, emanando vibrações de paz e alegria àquele casal. Dona Cecilia, amiga querida, proferiu a prece, sob grande emoção, pois sentia que ao seu lado estavam os queridos Antero e Francisca, Joaquim e Aparecida, e ainda o Irmão Juvêncio, em demonstração viva de que o amor ultrapassa as barreiras da matéria. Encarnados e desencarnados vibravam amor imenso àquele novo casal, que iniciava o cumprimento de suas tarefas de reajustes e reencontros.

Os primeiros meses, necessários à adaptação de qualquer casal, foram momentos de grandes descobertas, pois tanto Cesar quanto Tatiana tinham imensa vontade de construir uma família, estruturada no amor e na generosidade para com seus semelhantes. E, como não poderia deixar de ser, o assunto adoção começava a ser discutido. Manuela foi o nome dado provisoriamente para a garota que ocupava um lugar especial no coração de Cesar e de Mariana. Tatiana, que há algum tempo também era voluntária no Orfanato, já se afeiçoara à Manú, como era carinhosamente chamada, e conhecendo o desejo de seu esposo em cuidar e amar aquela criança, propôs que iniciassem o processo de adoção imediatamente.

A adoção foi conseguida mediante a tramitação normal, e certamente a Espiritualidade cuidou para que as coisas fossem acertadas, a fim de se cumprir naquele reencontro o compromisso protelado tantas vezes, que objetivava a reconciliação daqueles espíritos que se endividaram em eras passadas.

Mariana e Tatiana prepararam o quarto de Manuela com grande alegria, e naquele momento Mariana se recordava que há tempo atrás, o quartinho de Cesar também o aguardava, quando ela, vivenciando experiência inesquecível chegava naquela mesma casa, carregando nos braços aquele pequeno presente de Deus. Foram recordações emocionantes, contudo já não estavam fisicamente ali o seu pai querido, sua mãezinha amada, o companheiro Antero, visto que já não faziam mais parte do mundo físico.

Tereza, mãe de Tatiana, se preocupava com a decisão de sua filha em aceitar aquela adoção, sendo ainda recém-casada, pois temia que no futuro, quando chegassem os filhos biológicos do casal essa iniciativa poderia ocasionar problemas de relacionamento dentro daquela família. Mesmo sem demonstrar, sentia apreensão dentro do peito, e procurava sempre buscar a ajuda de Deus, como pessoa religiosa que era. Guardava para si esse temor, mas confiava na Providência Divina.

Chegou finalmente o dia em que Manuela deixaria o Orfanato, seguindo para o seu novo lar. Foi um dia de festa, com muitos planos e com grande alegria para todos. Para Tatiana, aquela seria uma filha muito amada, e para Cesar, o significado daquele ato representava o cumprimento de um compromisso que ele não sabia identificar com clareza, mas que estava muito definido em sua alma. Ele tinha a sensação de que estava esperando aquele encontro, pois no seu subconsciente ele guardava lembrança de toda a preparação ocorrida durante o sono físico.

Com o passar do tempo, Manú havia superado a fragilidade que inicialmente apresentava naquele dia em que foi deixada no Orfanato, e apesar de ser uma criança viva e cheia de saúde, chorava muito. Normalmente, quando estava no colo de Cesar se sobressaltava, e Tatiana começava a perceber que ela serenava quando vinha para seus braços. Mariana também percebia que quando Cesar se aproximava de Manú, apesar de todo o carinho que ele expressava a menina não correspondia com a mesma espontaneidade com que sorria para Tatiana, para Tereza, ou para ela mesma. Esses fatos foram trazendo a Cesar certa insegurança. Por que isso acontecia? Ele procurava ser pai carinhoso, dedicado, e conforme a filha crescia, sentia uma barreira entre eles. Por mais que se esforçasse, ela se retraia sempre que Cesar a colocava em seus braços, ou quando lhe fazia carinhos. Ele esperava que ela também retribuísse os sorrisos, os abraços, mas isso não acontecia.

Manú já estava com três anos de idade quando Tatiana comunicou a Cesar que eles receberiam em seu lar mais um filhinho. Foi uma grande festa, muita alegria, muitos agradecimentos a Jesus. Cesar sempre que podia dizia a Manú do imenso amor que ele sentia por ela, mas não encontrava receptividade. Em seu íntimo, ele sentia certa conformação, e tinha a impressão de que aquela barreira emocional se justificava, mesmo sem ter clareza da verdadeira causa.

Mariana, tarefeira da Seara de Jesus, sempre que podia pedia mentalmente uma explicação do porquê daquele distanciamento de Manú com relação ao pai Cesar. Finalmente, em uma reunião mediúnica, no momento das mensagens de apoio ao grupo, Irmão Juvêncio trouxe uma palavra de conforto.

Referindo-se aos reencontros promovidos pela Lei de Amor, com o objetivo do reajuste que é o único caminho capaz de conduzir os antigos desafetos à reconciliação almejada, Irmão Juvêncio trouxe a mensagem esclarecedora:

– Irmãos, todos os reencontros, promovidos pela Lei de Causa e Efeito, têm como objetivo maior a oportunidade de resgate do passado recente ou remoto. O algoz de ontem estará, sem dúvida, diante da vítima para que o retorno ofereça a sublime redenção àqueles que conseguiram, de alguma forma, amadurecer no conhecimento da sublimidade dos ensinamentos do Pai. Por esse motivo, a prece, a dedicação, a aceitação das situações que foram criadas em algum momento pretérito são recursos necessários a todos aqueles que pretendem se reajustar com a Lei Divina. Observando-se cuidadosamente nosso passado, poderemos compreender nosso presente. E, com Jesus, construiremos nosso futuro.

Mariana, de imediato compreendeu que aquela mensagem vinha esclarecer muitos pontos a respeito da situação que envolvia seus queridos Cesar e Manú. Mentalmente, perguntava ao Irmão Juvêncio se Manú poderia ser a reencarnação do espírito Débora, e aguardava ansiosamente por uma resposta.

O bondoso Mentor Espiritual intuiu Mariana acerca daquela realidade que ela já havia percebido. Ela sentiu naquele momento que aquela informação explicava todo o abismo existente entre seu filho e a pequena Manú, inclusive o porquê de ela mesma sentir que aquela criança chegara de maneira muito especial em suas vidas, exatamente para promover o reencontro necessário aos reajustes. Entretanto, tinha consciência que aquela revelação deveria permanecer apenas para si mesma.

A partir daquele dia, Mariana se desdobrava ainda mais em carinho e atenção à netinha. Seguindo a intuição, nada revelou a Cesar, contudo procurava mostrar a ele a necessidade de se esforçar muito para demonstrar à filha a grande importância que ela tinha em sua vida. Sempre que possível, comentava sobre as passagens do Evangelho de Jesus, salientando a importância de se buscar entendimento, fraternidade, e principalmente romper qualquer barreira para que o amor reine soberano.

capítulo 17

A chegada de alguém muito especial

Tatiana estava feliz com a chegada do seu bebê. Na visita mensal ao médico era orientada a fazer os exames necessários para a verificação do seu desenvolvimento. Estava ansiosa para receber do médico a notícia de que tudo estava muito bem. Mas, para sua surpresa, as informações a assustaram bastante.

O médico disse que ainda não estava completamente convencido, mas tudo indicava que a criança seria portadora da Síndrome de Down. Novos exames foram pedidos, para que o diagnóstico fosse confirmado.

E, alguns dias depois, a confirmação deixava perplexos aqueles pais que mesmo espiritualmente amadurecidos, recebiam um verdadeiro choque diante daquela notícia. Mas, como bons cristãos, em seguida, agradeceram a Jesus a oportunidade de receberem em seu lar aquele serzinho que seria muito amado. Cesar e Tatiana haviam aceitado sinceramente os esclarecimentos da Boa Nova do Mestre, e já amavam verdadeiramente aquele filho que chegaria brevemente, tendo a certeza plena de que seriam todos muito felizes. Não tinham nenhuma dúvida de que a benção da reencarnação é sublime oportunidade para o crescimento espiritual.

Manú, sem nenhuma explicação aparente, beijava muito a barriga de mamãe Tatiana, e dizia que seu irmãozinho iria chegar para brincar com ela. Cesar, seguindo os conselhos de Mariana, envolvia Manú em muito amor e carinho, e conversando com a filha fazia planos para ela e o irmão. Em todos os momentos dizia que ele tinha certeza de que o irmãozinho era um presente de Deus para ela.

Finalmente, chegou ao mundo físico o pequeno Eduardo. Conforme já se esperava, trazia a Síndrome de Down que seria a ferramenta de evolução àquele espírito que buscava aprimoramento moral e espiritual. A alegria era intensa por parte de todos e a felicidade em oferecer amor de pais fazia com que Tatiana e Cesar ficassem agradecidos a Deus que, como Pai Maior, confiava a eles um filho Seu.

Manú, desde o primeiro momento se enternecia a olhar o irmãozinho. Ela dizia:

– Mamãe, eu também posso ser mamãezinha dele, igual a você?

Tatiana se surpreendia com aquelas palavras, vindas de uma criança de apenas quatro anos. Entendia ser coisa própria da idade, ocasião em que as meninas gostam de ser mamães de seus bonecos, e assim não se impressionava com as palavras da pequena. Mas, em seu íntimo ela sentia que o amor de Manuela pelo irmão era algo transcendental.

Eduardo crescia rapidamente, e a força do amor que recebia o fazia uma criança tranquila e envolvente. Toda vez que a irmã se aproximava ele mudava a expressão. Ficava atento, seu semblante reluzia, e se percebia nitidamente que havia forte ligação entre ambos. Era visível que eles se amavam, e que ela, mesmo sendo uma criança, tinha certo cuidado com o irmão que se esperaria somente de uma pessoa adulta.

Cesar estava curioso. Como estudioso da Doutrina Espírita entendia que aquele encontro só poderia ser Obra Divina, e que certamente aqueles dois espíritos, agora seus filhos, já eram velhos conhecidos. Ele também sentia que já se conheciam. Mas, de onde? Cesar não tinha a mesma sensibilidade de sua mãe, apesar de se dedicar aos estudos doutrinários com grande interesse.

E assim, a vida transcorria com muito trabalho. Eduardo crescia, e seus pais buscavam todos os recursos para que ele interagisse com as outras crianças da comunidade e também da Escola. Ele foi matriculado na escola comum, exatamente para que a inclusão o fizesse sentir-se parte integrante daquele movimento educacional, que todas as crianças vivenciam por longos anos. Todos os mecanismos necessários ao desenvolvimento de Eduardo eram oferecidos a ele. A fonoaudióloga fazia um excelente trabalho, e os resultados eram notáveis. A Síndrome era relativamente leve, possibilitando desenvolvimento tranquilo a Eduardo.

Eduardo era doce, sereno e amoroso, e apesar de algumas limitações normais, desenvolvia algumas aptidões da maior importância. Manú a tudo acompanhava. Sendo a menina quatro anos mais velha do que o irmão, se comportava como verdadeira guardiã. Era atenciosa, solícita, e contava agora com doze anos. Mesmo com o pai, ela já demonstrava mais amizade e carinho. Sentia no fundo de sua alma que aquela família tinha profundas ligações com ela e com Eduardo. Aos poucos, aquele espírito foi se desligando da reencarnação anterior, assimilando sua nova existência em que recebia carinho, amor e atenção, criando assim nova psicosfera espiritual.

Por vezes, fechava os olhos e tinha a impressão de que se encontrava em outra época. Via-se vestida como camponesa, adulta, e via também seu irmão Eduardo que pequeno a chamava de mãe. Realmente ela o amava como a um filho muito querido, e isso explicava por que ela se preocupava tanto com ele. Nessas lembranças havia um vazio, pois não conseguia vizualizar como era sua família naquela época. Sentia que havia mais pessoas, mas não conseguia identificar. Algo lhe dizia que seu pai Cesar já tinha causado muito sofrimento a ela e também a Eduardo, mas agora ela se desdobrava para dar a ele o verdadeiro amor de filha.

Eduardo conseguiu aprendizado relativamente aceitável, e desenvolvia grande aptidão para arte. Percebido esse "talento" o garoto foi encaminhado para cursos de pintura, e ia se revelando um artista dotado de enorme sensibilidade. Entretanto, gostava bastante da solidão, do isolamento, e isso entristecia seus pais que procuravam proporcionar a ele momentos de alegria, de felicidade. No entanto, junto à Manuela ele se soltava, ficava muito à vontade. Ela, quando percebia que o irmão estava distante segurava em suas mãos, e dizia:

– Vamos sonhar juntos? Assim, o jovenzinho alcançava um estado emocional e espiritual em que o equilíbrio era constante.

Por várias ocasiões Eduardo relatava à irmã os seus sonhos, e ela percebia que eram semelhantes aos seus. E ele completava dizendo:

– Manú, vejo papai Cesar conosco em um lugar bastante diferente. Não consigo entender!

– Ele não gostava muito de nós, e sempre ameaçava ir embora, até que um dia foi mesmo. Vejo sempre uma mulher que me lembra muito a vovó Mariana. O que pode significar tudo isto?

Manuela, apesar de já praticamente adulta, ainda não conseguia explicar todas aquelas lembranças. Ela mesma não entendia por que sonhos repetitivos e semelhantes eram comuns aos dois irmãos.

Em um passeio que faziam ao campo, Mariana já alquebrada sentou-se na relva para desfrutar da paisagem, quando Manú e Eduardo se sentaram junto a ela. E, ambos começaram a relatar seus sonhos, dizendo que, às vezes, nem estavam dormindo, mas tinham a impressão que sonhavam...

Mariana que já conhecia bem toda aquela história procurou não mostrar surpresa, e se esforçando para ser bem natural, comentou que nós podemos ter sonhos que nada significam. Procurou mudar o rumo da conversa, pois ela sabia do final trágico daquela reencarnação em que ela mesma se comprometera com a Lei Divina ao tirar a vida de Julian, hoje seu filho Cesar. Não poderia, nem deveria revelar tudo isso. Mesmo assim, os netos a crivavam de perguntas, às quais ela procurava dar sempre respostas que viessem a esclarecer que não passavam de sonhos.

Um ano depois dessa manhã no campo Mariana foi acometida por um acidente vascular impossibilitando-a de se locomover. Ela lutava contra o diabetes, há longo tempo, e seu estado de saúde se complicou bastante. Foram alguns meses de grande sofrimento em que Mariana recordava com muita lucidez de todos os acontecimentos de sua atual reencarnação, que pressentia estar se findando.

Quando suas lembranças a remetiam aos fatos vivenciados desde aquele momento em que Antero a rejeitara, diante da revelação da gravidez, da sua decepção com os pais, da vinda para a Capital de São Paulo, do retorno à sua cidade natal, onde se deparou com Antero, antecipando assim o nascimento de Cesar, ela sentia um calafrio, e a palpitação no peito a incomodava.

Mariana relembrava os anos da infância e da juventude de Cesar, o casamento do filho com aquela pessoa por quem nem ela e nem o marido haviam sentido afinidade, e aí vinham as lágrimas aos olhos, pois as recordações ficavam mais dolorosas a partir do instante em que suas lembranças a levavam a reviver o período em que Cesar cometera o deslize gravísssimo, adoecendo tanto no corpo quanto na alma. Recordava-se do sofrimento de todos com o temor da condenação que o julgamento poderia impor, e de todos aqueles fatos que tanto machucaram a família. A lembrança das provas suportadas por Antero também lhe traziam lágrimas aos olhos.

capítulo **18**

Missão cumprida

Mariana, que passava os dias na cama, ainda sentia o peso das lembranças da época medieval, quando na condição de Celine, adquiriu grandes débitos para com a Lei de Causa e Efeito, assassinando Julian para continuar escondendo a verdade sobre a paternidade do seu primogênito, a fim de não comprometer o casamento com Sebastian. Todas essas recordações estavam claras para ela, e em suas orações implorava o perdão divino, para ela e para todos que formavam aquele grupo familiar, pois cada qual trazia sua trajetória de provas, as quais estavam sendo vivenciadas com muito sofrimento. Ela sentia que sua existência estava se findando, mas se preparava com serenidade para deixar o mundo físico quando Deus o determinasse.

Cesar, por vezes, via que a mãe chorava em silêncio, e supunha que ela se entristecia por não mais poder participar das atividades assistenciais e espirituais que motivaram sua vida, por longos anos.

Quando os netos a abraçavam, Mariana se emocionava muito, pois reconhecia neles os espíritos que haviam sido também prejudicados por ela na reencarnação remota. Afinal, ao tirar a vida física de Julian, ela ocasionou muito sofrimento à sua esposa e filhos. Contudo, se recompunha entendendo que na presente existência estava fazendo o seu papel como avó amorosa, ressarcindo débitos passados.

Mais alguns meses se passaram e, em um dia ensolarado, Mariana se despediu da vida física, sendo recebida por Aparecida, sua mãe e Francisca sua avó, espíritos laboriosos que muito a amavam. Elas a abraçaram com carinho, e a conduziram ao hospital de recuperação, onde aquele espírito recém-chegado à Espiritualidade passaria por um período de adaptação e preparação para tomar conhecimento de sua nova realidade.

Enorme tristeza tomou conta dos corações de Cesar, Tatiana, Manuela e Eduardo, além dos inúmeros amigos conquistados por Mariana, que sentiam que aquele vazio imenso não seria preenchido, pois Mariana soube semear as mais belas sementes do amor, da amizade, do trabalho e da sinceridade.

Após algum tempo, em certa manhã Mariana despertou e se viu em um quarto que não era o seu. Observou as paredes azuis em tom muito suave, leve claridade que deixava o ambiente acolhedor. Procurou com o olhar se algum familiar ali estava, pois deduzia estar em um hospital, pois se lembrava que não estava bem de saúde. Mas, para sua surpresa, a um canto do quarto aquelas duas mulheres que tinham sido tão importantes em sua vida ali estavam sorridentes, e vinham ao seu encontro para o abraço carinhoso.

– Mamãe, vovó!!! Que surpresa!!

– Estou sonhando, ou eu vim ao seu encontro?

Mariana fazia várias perguntas ao mesmo tempo, porém, no seu íntimo já sabia a resposta.

Nem foi preciso que as duas senhoras respondessem, pois Mariana se apressou em dizer:

– Já sei, deixei aquele corpo que por dois anos ficou preso a uma cama, perdendo sua vitalidade. Estou certa?

Diante do sorriso amoroso da vovó Francisca, ela irrompeu em copioso pranto, pois a realidade pesa bastante mesmo quando pensamos estar preparados para deixar na Terra o corpo físico, o convívio com os familiares, e tudo o mais que faz parte de nossa vida material.

– E Antero, perguntou Mariana, por que não está aqui?

Aparecida e Francisca se olharam, e sorriram sem nada responder.

Mariana recebeu os cuidados dos enfermeiros, além do socorro prestado por sua mãe e avó, para que pudesse se desligar de todos os reflexos que ainda a envolviam, resultantes daquele período de imobilidade física. E assim, dentro de alguns dias Mariana deixava o hospital seguindo para a Colônia Luz Divina, onde continuaria sua adaptação à nova vida. O conhecimento que possuía acerca da Espiritualidade muito contribuiu para que ela aceitasse resignadamente sua nova condição de vida.

Após algum tempo na vida espiritual, Mariana recebeu a visita de Irmão Juvêncio, que a esclareceu a respeito da necessidade de buscar oportunidades de trabalho. Ele a informou que Antero se encontrava em outra Colônia, onde lutava para superar o impacto que as lembranças de reencarnações anteriores lhe causavam. Irmão Juvêncio alertou Mariana que Antero, ao acessar as lembranças remotas deixou-se levar por sentimentos de vingança, inclusive a respeito dela e do filho Cesar. Em momentos de invigilância acabou se ligando a irmãos que eram desafetos daquele grupo, os quais envolveram Antero com sentimentos de rancor, fazendo-o se ligar de maneira muito forte aos fatos ocorridos quando do triângulo Celine-Sebastian-Julian.

Mariana se surpreendeu, pois estava certa de que os episódios vividos por Antero reencarnado, ou seja, os sonhos tumultuados que teve, a assistência espiritual recebida no Centro Espírita, bem como as manifestações esclarecedoras que ali ouvira haviam trazido alento diante da realidade pretérita. Ela recordava que ele se mostrava tranquilo depois dos estudos em que participaram juntos.

Irmão Juvêncio esclareceu que é muito comum quando se está na Espiritualidade e se tem acesso a lembranças não agradáveis, o espírito que ainda não se despojou integralmente de sentimentos negativos deixar-se levar por nódoas contidas em seu íntimo, florescendo assim, sentimentos de ódio e vingança adormecidos temporariamente. E, foi assim que Antero acabou se envolvendo com aqueles irmãos que se intitulando justiceiros, o induziram a se decidir por "cobrar de Mariana e de Cesar" tudo aquilo que julgava ser seu direito, em forma de ressarcimento dos prejuízos emocionais que sofrera com a atitude deles no passado espiritual. Irmão Juvêncio ainda salientou que o peso das recordações que são possíveis aos desencarnados, às vezes, reaviva sentimentos parcialmente adormecidos quando se está reencarnado. É comum o despertar de antigas reminiscências que acabam prejudicando o equilíbrio daqueles espíritos que ainda se prendem a algum tipo de sentimento inferior.

Irmão Juvêncio igualmente disse a Mariana que o encontro deles seria inevitável, e que ela deveria se preparar por meio das orações, para pedir perdão a Antero que se apresentava muito machucado em seus sentimentos, e que certamente apresentaria um lado de seu caráter ainda desconhecido por ela.

Mariana sentia-se culpada, sim, pelo ocorrido naquela reencarnação tão desastrada, mas lembrava-se também das vivências que teve logo depois resgatando, em situações extremamente dolorosas, aquele passado tenebroso que a machucava muito ainda. Perguntava ao Irmão Juvêncio se todas as deficiências que havia enfrentado tanto físicas quanto mentais, nas reencarnações de resgate, não a tornavam menos devedora perante Antero.

Irmão Juvêncio, pacientemente, lembrava a Mariana que a vítima geralmente cristaliza seus sentimentos de forma radical, ignorando os caminhos dolorosos que o algoz possa ter seguido posteriormente, e se fixando apenas nas lembranças em que sofreu os danos provocados por outrem. Lembrou ainda que ela Mariana, é que deveria se aproximar de Antero, e fazê-lo entender o quanto ela caminhara por pedregulhos ásperos, por várias oportunidades, até poder receber a permissão do Pai para essa última reencarnação em que se encontraram novamente. Naquele momento, ela entendeu o porquê de toda a rejeição de Antero em relação ao filho na ocasião em que lhe comunicou a sua gravidez.

A partir daquela conversa, Mariana se preparou para o encontro com Antero.

capítulo 19

Desejo de vingança

Após algum tempo, Irmão Juvêncio tomou as providências necessárias, quando notou que em Mariana já se apresentam sentimentos de coragem e de compreensão para a possível reação de Antero.

Na Colônia Espiritual Luz Divina, onde a vegetação transmitia muita paz, onde o doce murmurar das águas trazia a sensação suave da tranquilidade, seria o lugar ideal para aquele encontro, onde certamente as mágoas seriam extravasadas, e onde aqueles dois espíritos que já tinham, por inúmeras vezes, enfrentado tantas dificuldades poderiam, sem nenhuma barreira, relembrar seu passado de erros e acertos.

Assim, Antero se deparou com Mariana sentada no banco do jardim, em prece, suplicando ao Mestre Jesus que a envolvesse em seu amor, para que aquele encontro pudesse selar a tão sonhada reconciliação. No primeiro momento ele se abalou, pois não esperava que aquele encontro pudesse acontecer. Ele já tinha conhecimento da desencarnação de Mariana, mas, impedido por Leis Superiores, não tivera a oportunidade de se aproximar dela.

A expectativa de Mariana era grande! Como serei recebida por Antero? Como devo iniciar a conversa?

Ao vê-lo sentiu-se perturbada ao imaginar qual seria a reação dele. Levantou-se rapidamente, procurando abraçá-lo, mas ele recuou com expressão fechada dizendo secamente:

– Até que enfim, você retornou para esse modo de vida em que não dá para esconder nada!

Marina, buscando forças conseguiu dizer:

– Antero, eu gostaria muito de poder lhe dizer que fui muito feliz ao seu lado nessa última encarnação. Dediquei a você e a Cesar todo o meu amor, procurando me redimir de erros do passado. Eu o amo muito Antero!

Antero, rispidamente a interrompe com palavras duras:

– Você não merecia o meu amor! E eu, não me lembrando do que você me fez no passado, fui muito ingênuo mesmo, mas... Agora, aqui as coisas são diferentes. Você se apresenta tal como é, me permitindo enxergar todo o mal que me fez, me enganando da forma mais torpe, trapaceando com meus sentimentos. E mais, hoje entendo o porquê de quando você me comunicou sobre a gravidez tive aquela reação que até a mim surpreendeu. Foi a voz do subconsciente que me alertava que algo estava errado, mas eu não identifiquei. E o que foi pior, deixei-me levar por aquele sentimento que apesar de tudo existia ainda em meu coração. Como fui tolo quando implorei que ficássemos juntos, nós três, sem saber que estava agasalhando aquele que me fez passar por bobalhão, que certamente ria de minha ingenuidade, pois por tanto tempo vocês tiveram um comportamento condenável, enquanto eu procurava ser um pai amoroso para aquele filho que nem era meu. O mais intrigante é que eu consegui amar aquele filho, senti por ele muito carinho, mas quando aqui foi tirada a venda de meus olhos pude conhecer a verdadeira história de nossas vidas.

– Antero, pelo amor de Deus, deixe-me falar, suplicou Marina entre lágrimas.

– Séculos se passaram, tive reencarnações dolorosas, sofri muito, resgatei aquele passado culposo, implorei seu perdão, assim como implorei o perdão de Julian. Ao nos encontrarmos nessa última existência pudemos formar uma família de bem. Você se deu conta disso? Apesar do início conturbado de nosso casamento, em virtude de todo aquele mal-estar gerado inicialmente pela sua rejeição ao filho que eu esperava, e posteriormente pelo nascimento prematuro de Cesar, provocado pelo forte impacto que me atingiu quando me deparei com você na Estação Rodoviária ao lado daquela que, posteriormente, você informou ser uma prima distante. Enfim, você se lembra tão bem quanto eu como nós tivemos momentos difíceis. Mas, apesar de tudo isto, nós conseguimos superar. Você se esqueceu dos anos de felicidade que tivemos? Cesar, apesar de tudo o que aconteceu na reencarnação remota, o cercou de amor e carinho, em todos os momentos. Você se lembra que ele até se ligava mais a você do que a mim? Ele o ama verdadeiramente, não duvide disso. Quantos séculos se passaram meu querido Antero!

– Graças a Deus temos a benção do esquecimento, para nos possibilitar o reencontro como uma ferramenta abençoada para podermos construir novos rumos para nossas almas. O mais importante é que a cada encontro estamos mais fortalecidos para solidificar a sublimidade do perdão e do amor.

– Antero, por favor, reflita, dê-me um voto de confiança, eu lhe peço.

Mariana sentia que suas palavras tocavam as fibras mais íntimas de Antero, mas ao mesmo tempo, ele relutava em aceitá-las. Nesse momento, abruptamente ele se retirou, sem dizer nenhuma palavra.

Irmão Juvêncio, que acompanhava aquele encontro a distância, aconchegou Mariana, procurando confortá-la diante daquele comportamento arredio de Antero.

– Minha filha, você sabia que não seria fácil!!

– Irmão Juvêncio, se ele está com tanta raiva de mim, o que estará sentindo por Cesar? Afinal, hoje Antero tem conhecimento que recebeu como filho aquele espírito que o prejudicou no passado. Será que ele vai se voltar contra Cesar? Meu filho corre o risco de ser mais uma vez vítima de terrível obsessão?

– É isso que estamos tentando evitar, minha querida irmã.

– Está havendo grande sintonia entre Antero e Manuela que, como você sabe, é o mesmo espírito que, como Débora, fez parte de suas vidas, e que desencarnou pelas mãos de Cesar.

– Meu Deus, logo agora que Manuela se tornou uma mulher ativa, porém autoritária e exigente. Lembro-me do quanto ela repudiava Cesar quando era pequenina, procurando meus braços e fugindo do pai, em processo inconsciente de repulsa. Mas, com o decorrer do tempo, para nossa alegria, essa rejeição foi dando lugar a outros sentimentos como carinho e amor.

– Irmão Juvêncio, o que podemos fazer para evitar que Antero passe a influenciar Manuela, fazendo-a se voltar contra o pai? Ela demonstra grande amor pelo irmão Eduardo, mas no íntimo, é notório que por Cesar ela não consegue sentir ainda o amor necessário para impor barreiras a uma possível influência espiritual negativa. O que eu poderei fazer, meu bom amigo, neste momento tão delicado?

– Querida filha, oremos. Vamos procurar envolver Manuela em fluidos salutares, criando campo positivo, a fim de preservá-la da influência de rancor que certamente ela receberá de Antero.

* * *

Eduardo, rapaz feito, amava muito os pais Cesar e Tatiana, e por Manuela tinha verdadeira veneração. Ele se comportava de maneira educada, pois tinha um excelente aproveitamento de todos os recursos que eram disponibilizados em sua educação. Suas limitações não o impediram de ter uma vida absolutamente normal.

Manú não era muito expansiva e nem sempre participava das conversas familiares. Mas, procurava se conter diante de situações que para ela pareciam descabidas, como algumas brincadeiras comuns entre o grupo familiar, em especial quando envolviam seu pai. O carinho com que Tatiana e Cesar demonstravam entre si, às vezes, a incomodava. Quando o centro das atenções era Eduardo, ela também participava, pois adorava o irmão, mas sempre procurava monopolizar as brincadeiras, tendo a sensação de que Eduardo precisava apenas dela, pois a presença dos demais a deixava um pouco enciumada.

Antero já havia traçado seu plano. Aguardaria a oportunidade de colocar Manuela contra Cesar, tornando a vida deles um verdadeiro inferno. Não estava sozinho nesse intento, pois a lei de sintonia já o havia colocado em contato com outros espíritos que vibravam no mesmo diapasão.

Aos poucos, foi sutilmente transmitindo pensamentos de ódio a Manuela. A repulsa pelo pai Cesar, que por alguns anos ela havia conseguido trabalhar em seu interior, retornava ainda mais forte.

Manuela começava a evitar Cesar, e quando o encontro se tornava inevitável, ela se comportava de forma ríspida, agressiva. Cesar e Tatiana, sensitivos como eram, começaram a perceber que sempre que Manuela se aproximava o ambiente do lar se modificava. O ar ficava mais pesado, a sensação de desconforto tomava conta de todos. Sentiam que algo a estava influenciando.

Certa manhã, Manuela os pegou de surpresa ao perguntar:

– Pai, por que vocês me adotaram? Por que não escolheram outra criança? Por que vovó Mariana me escolheu?

– Tatiana e Cesar se entreolharam atônitos...

– Filha, mas que pergunta? Por que isso agora?

– Por nada, simples curiosidade...

Cesar saiu desconcertado e Tatiana, recobrando o seu

equilíbrio tentou contornar a situação criada. Abraçando Manuela a levou até a varanda, e com muito carinho disse que o amor de todos por ela era algo que transcendia o entendimento racional. Relembrou que todos eles se apaixonaram por ela, logo no primeiro momento em que a viram no Abrigo; disse que ela Tatiana, ao se casar com Cesar, tudo fizera no intuito de trazê-la para seu lar, porque o amor que os unia era algo incomensurável.

Manuela, envolvida pelo amor de Tatiana, se acalmou, e acabou dizendo que não sabia por que tinha feito tal pergunta. Abraçou a mãe e se dirigiu ao seu trabalho.

Antero quase conseguiu formar uma confusão naquele lar. Mas, não iria desistir, falava com raiva.

– Eles não perdem por esperar!!! Não foi dessa vez, mas será da próxima...

Assim, as tentativas de influenciação de Antero se tornaram mais intensas. A cada dia Manuela se distanciava ainda mais, e sentia que a única coisa que a prendia ao lar era o irmão Eduardo. Às vezes, ela mesma se perguntava por que, naquele momento de sua vida, sentia tanta raiva do pai.

Antero, percebendo que Manuela já estava pronta para receber algumas informações que a fariam se desentender de uma vez por todas com Cesar, começou a envolvê-la por meio de sonhos, dos quais ela ao acordar tinha apenas alguns vislumbres, não conseguindo perceber lógica alguma. Ela começou a apresentar ligeira indisposição ao acordar, e o sentimento de rancor com relação ao pai ficava cada vez mais intenso.

Manuela, depois de adulta se recusava a frequentar o Centro Espírita. Tatiana e Cesar continuavam com suas tarefas espirituais, e Eduardo os acompanhava sempre que as atividades eram adequadas a ele. Normalmente, Eduardo frequentava o grupo de jovens, uma atividade que o fazia se sentir integrado à mocidade espírita, participando de algumas ações que o grupo organizava. Mesmo querendo estar sempre perto de Eduardo, Manú não se dispunha a acompanhá-lo ao Centro em momento algum.

Tatiana e Cesar começaram a perceber a presença de alguém, que no primeiro momento não identificaram, mas que sentiam estar influenciando de forma negativa a filha querida. De imediato, pediram ajuda ao grupo de trabalho socorrista para que aquele irmão que estava ocasionando choques vibratórios tão intensos pudesse ser esclarecido. No entanto, não imaginavam se tratar de Antero. Oravam por aquele espírito, pedindo a Jesus que o amparasse diante daquela situação, que certamente seria de sofrimento para alguém que, desconhecendo o mal que estava causando, sofria também.

Irmão Juvêncio, espírito amigo que dirigia espiritualmente aquele núcleo de oração, percebendo que estava se aproximando o momento do encontro entre pai e filho, para os necessários acertos, preparava Mariana para a tarefa que deveria ser desenvolvida naquele grupo familiar. Assim, orientava Cesar e Tatiana, por meio das mensagens psicofônicas, a se apegarem com fé aos ensinamentos de Jesus, para se fortalecerem diante das provas anteriormente solicitadas.

Antero continuava influenciando Manuela, que sendo médium, relutava sempre em se aprofundar no conhecimento do assunto, e passara a sentir a presença daquele espírito que lhe causava sensação agradável, por transmitir a ela o mesmo que ela julgava ser pensamentos seus. Assim se formou um processo de simbiose, em que Antero passou a vivenciar as mesmas sensações de Manuela e vice-versa.

Tatiana pediu à filha que fizesse o possível para que, pelo menos no jantar, participasse com eles das refeições. Influenciada por Antero ela disse que sim, que iria se esforçar. Mas, já planejando aproveitar aqueles encontros para deixar claro ao pai o quanto ela o repudiava, ela começou a sentir antecipadamente uma alegria mórbida. Já antevia a reação de Cesar diante das provocações que ela já começava a idealizar.

À noite quando Cesar chegou a casa foi informado por Tatiana que Manú jantaria com eles. Eduardo estava feliz, e à espera com aquele botão de rosa que sempre oferecia à irmã. Manuela chegou e foi tocada pela gentileza do irmão, e momentaneamente se desarmou. Antero, de imediato, a envolveu em sentimentos amargos e desagradáveis. Ela, por alguns segundos, esqueceu seus planos de menosprezo ao pai.

Durante o jantar, Tatiana procurou abordar um assunto que desde criança trazia alegria a todos. Falar sobre o final de semana, planejar um passeio em família. E assim, convidou Manú para que fossem no domingo seguinte até a represa onde, quando crianças, eles se divertiam bastante. No primeiro momento ela ficou indecisa, porém Eduardo ficou radiante, e se antecipou:

– Vamos sim, não é Manú. Vai ser muito bom, quero que você esteja comigo correndo, brincando, como sempre fizemos.

Ela sempre satisfazia os desejos de seu irmão, e sendo assim não teve coragem em contrariá-lo.

E, então, chegou o domingo. Os preparativos feitos com alegria traziam felicidade a todos. Todos se acomodaram no carro e se dirigiram à represa que ficava a poucos quilômetros da cidade. Estavam todos animados, pois o dia estava lindo, com muito sol e o calor convidava ao banho.

– Eduardo, vamos fazer uma caminhada? Convidou Tatiana.

– Mãezinha, vá você e papai. Eu vou ficar aqui com Manú, aproveitando essa sombra gostosa.

Assim, Tatiana e Cesar se afastaram, caminhando em direção aos quiosques.

Manuela, deitada sobre a relva, envolta em seus pensamentos, não percebeu que Eduardo saira de perto dela. Ele nunca se afastava da irmã, mas naquele momento resolveu se banhar nas margens da represa.

Um leve torpor a envolveu e acabou adormecendo. Despertou assustada, chamando pelo irmão. Ao perceber que ele não estava ao seu lado, levantou-se aflita. Olhou para todos os lados, mas não o via. Manuela entrou em desespero, pois embora Eduardo já fosse um adulto, ela o via ainda como criança.

Naquele momento retornavam Tatiana e Cesar, e ao virem a filha correndo em sua direção perceberam que algo havia acontecido. Perguntaram de imediato por Eduardo. Manuela assustada disse que também o estava procurando.

Correram em direção à represa, mas também não conseguiam vê-lo. Cesar entrou na água, enquanto Tatiana e Manú caminhavam pelas margens. Nada encontraram. Mesmo procurando manter a calma, seus corações estavam sobressaltados.

No lado esquerdo da represa havia alguns arbustos e algumas plantas aquáticas que dificultavam a visão, e Cesar para lá se dirigiu. Naquele instante, se deparou com uma cena que jamais pensara em enfrentar. Viu a uma pequena distância, de bruços, o seu filho amado.

Cesar gritou, pediu por socorro, e Mariana e Manú que já haviam pedido ajuda chegaram aflitas às margens da represa, junto de dois rapazes que haviam percebido o trágico acontecimento. Os rapazes, sem titubear atiraram-se na água, chegando rapidamente onde estava Eduardo. De imediato, o conduziram para a margem, ainda tentando prestar os primeiros socorros, mesmo percebendo que o jovem já não respirava.

Todas as tentativas foram feitas para que a água do pulmão fosse expelida enquanto Eduardo era levado ao pronto-socorro mais próximo. Ali chegando, a confirmação da realidade cruel que feria aqueles corações em desespero. Eduardo havia desencarnado!!

capítulo 20

O retorno à Pátria Espiritual

A comoção foi geral na cidade, pois Eduardo era amado por todos que o conheciam. A partida daquele jovem que conquistara a muitos, abalou ainda mais o ambiente da família, que já estava estremecido.

Na Espiritualidade, Antero estava ansioso pela chegada de Eduardo, pois já planejava envolvê-lo em sua psicosfera de vingança, pretendendo sugestioná-lo quanto ao desleixo de Cesar ao deixá-lo sozinho com a irmã. Já tecia suas artimanhas, com o intuito de angariar mais um colaborador para sua causa. Em sua ignorância, supunha que tinha livre acesso a quem quisesse.

Após o período normal de repouso, Eduardo despertou em um quarto de hospital, iluminado suavemente na cor azulada. De imediato viu vovó Mariana, que o abraçou emocionada. Ele se surpreendeu ao vê-la, e de imediato se recordou de ter ido à represa, com o intuito de brincar na parte rasa. Mas, ao avistar naqueles arbustos uma ave diferente que lhe chamou a atenção, sem perceber foi se distanciando da margem, e como sabia nadar, julgou que aquele local não oferecia perigo.

Não tinha noção de como se atrapalhou nos arbustos, e quando percebeu que o local não dava pé se apavorou, sentindo uma espécie de pânico, então tentou agarrar-se a alguns galhos, que não suportaram o seu peso. Lembrava, naquele momento que sabia nadar, sem técnica, mas acabou se atrapalhando e em dado momento viu que um rapaz surgiu à sua frente e segurou suas mãos, com firmeza, e com muita calma disse:

– Venha. Não tenha receio. Depois disso, não tinha noção do que se passou.

Naquele instante, ele percebeu que o referido rapaz estava ali no quarto, junto à vovó Mariana. Espírito sensível, Eduardo de imediato compreendeu que alguma coisa muito estranha estava acontecendo. Primeiro sua avó, depois o rapaz simpático que o havia salvado das águas. O que estariam fazendo ali naquele quarto de hospital, para onde certamente havia sido levado por seus pais, pois sabia que algo assustador havia ocorrido, e ele fora socorrido.

Eduardo perguntou, então, pelos pais e pela irmã. Carinhosamente, Mariana o abraçou dizendo:

– Calma querido, já vamos responder a todas as suas perguntas. Observe que este quarto é bem diferente daqueles que você conhece. Observe a iluminação, a energia que existe por aqui. Serene sua alma, e verá como vai perceber algo fantástico, extraordinário que acontece com todos nós.

O amor de Mariana o fortaleceu naquele momento.

Eduardo fechou os olhos, e como se estivesse observando uma imensa tela mental, viu nitidamente que estava em outro plano de vida. Percebeu que tudo que o cercava era de leveza ímpar. Abrindo os olhos verificou que tanto Mariana quanto Pedro, pois esse era o nome do novo amigo, se apresentavam revestidos de luz suave que o impressionava bastante. De imediato, compreendeu que estava em outro plano, pois já tinha conhecimento da vida espiritual, por meio dos estudos no Centro Espírita onde frequentava com seus pais. Espírito sensível e desapegado, Eduardo não teve dificuldade em tomar conhecimento da nova realidade.

Foi um momento de grande emoção. Deixando-se abraçar pela avó, chorou copiosamente, concluindo que também estava desencarnado, tal como sua avó e Pedro, seu benfeitor. Os breves instantes do aconchego fraterno fizeram com que aquele espírito, que retornara a Terra para saldar compromissos pretéritos, pudesse entender que sua existência embora curta, havia possibilitado a ele o estreitamento de laços de amor profundo, tanto com papai Cesar, quanto com mamãe Tatiana, e principalmente com a irmã Manuela.

* * *

Antero procurava Eduardo em vários lugares onde tinha acesso, pois em razão de sua conduta mental, lhe era vedada a entrada em locais em que sua vibração não fosse compatível com aquela que reinava em certos ambientes. Ele não tinha conhecimento suficiente para alcançar toda a organização primorosa que a Espiritualidade dispõe.

Na Colônia Espiritual Luz Divina, onde Mariana já estava adaptada, havia vários setores que formavam pequenas comunidades dentro daquele núcleo, e havia barreiras magnéticas que impediam o acesso de alguns educandos a determinados edifícios.

No momento do encontro entre Antero e Mariana, por exemplo, os Mensageiros Socorristas tomaram as medidas necessárias para que a entrada de Antero fosse permitida, sem que ele notasse que em outra situação isso não teria sido possível. Na tentativa de minimizar aquele padrão vibratório de Antero, Irmão Juvêncio e alguns colaboradores de sua equipe formaram um campo vibratório adequado àquela conversa que tinha como objetivo esclarecer a participação de Mariana em sua última existência. Contudo, Antero não possuía esclarecimento a ponto de perceber tais meandros do trabalho e da organização no Plano Maior da Vida.

Mariana, irradiando felicidade, acompanhou Eduardo à sua moradia, que ficava no setor 2 da Colônia. Árvores, flores, regatos compunham a paisagem agradável, e ambos caminhando serenos se dirigiam ao seu novo lar. Naquela noite, todos os espíritos que se encontravam no setor 2 estavam convidados para a reunião semanal em que mensageiros do amor trariam seus ensinamentos aos recém-chegados. Eduardo estava exultante em saber que participaria daquele encontro.

Às 18 horas, diariamente, havia um momento muito especial, pois a Colônia era envolvida pelos acordes da Ave Maria, e todos os residentes, unidos pela força da oração, formavam uma corrente de amor. A vibração que envolvia a todos era extraordinária, fazendo com que uma aura de leveza, de serenidade envolvesse a cada um de uma forma muito especial. A energia da Mãe do Nazareno era sentida por todos aqueles que já conseguiam se desligar dos sentimentos mesquinhos, que comumente eram trazidos na bagagem espiritual.

Após a oração coletiva da Ave-Maria, Mariana e Eduardo se dirigiram ao auditório da Colônia, onde encontraram centenas de espíritos que ali já se acomodavam para receber os ensinamentos que Irmão Valério traria. Após alguns minutos, Irmão Juvêncio convidava a todos para a prece inicial.

Senhor, espíritos conscientes de nossas falhas pretéritas, aqui estamos prontos a adquirir novos ensinamentos preparando-nos para analisar e refletir sobre nossas últimas encarnações. Dá-nos Mestre a condição de compreender todas as faltas cometidas, mas principalmente, que tenhamos o discernimento para perceber a gravidade de nossos erros, avaliando todas as circunstâncias que nós mesmos criamos. Mestre amado, prepara-nos para alcançarmos as suas verdades. Fortaleça-nos para compreendermos a sua Boa Nova, iniciando o tão propagado processo da reforma íntima, ao qual, quando encarnados, nos propusemos tantas vezes, não conseguindo, entretanto, chegarmos vitoriosos nessa batalha. Abençoa-nos Senhor, com Teu amor magnânimo, e envolva-nos com Tua luz divina.

Irmão Valério serenamente cumprimentou a todos, desejando uma boa estadia naquela Colônia que era de transição, onde todos permaneceriam o tempo que fosse necessário, a fim de adquirir condições de buscar novos rumos, com o objetivo do trabalho e do crescimento espiritual.

Ligando-se a Jesus, Irmão Valério iniciou sua exposição, profundamente concentrado:

– Amados irmãos em Cristo!! Nosso Pai Maior, em Sua suprema bondade, cria seus filhos destinados ao amor e à felicidade. Em Sua sabedoria, dota a todos de inteligência suficiente para que possam trilhar caminhos evolutivos. Entretanto, a marcha adotada por cada ser está de acordo com sua vontade, disposição e bom ânimo. Inúmeros fatores influenciam na escolha que cada espírito fará em suas romagens terrenas. Embora o planejamento seja elaborado na Espiritualidade, sob a orientação de irmãos extremamente dedicados, que se preocupam em proporcionar as melhores oportunidades de crescimento, e ainda contando com a anuência, na maioria das vezes, do espírito reencarnante, mesmo assim, ele frequentemente sucumbe em seus propósitos. A quem pode ser atribuído o fracasso de alguns no palco da vida terrena? Seria como pensam muitos, que o fato de não nos lembrarmos do passado, venha a dificultar a vitória sobre as circunstâncias desfavoráveis a que estamos expostos? Seria por que não nos preparamos o suficiente antes de reencarnar? Seria por que retornamos à carne naquele meio familiar que não nos amparou? Seria por que as provas que levamos são superiores à nossa capacidade? Meus irmãos, todas essas questões que levantamos diante da constatação de que não conseguimos atingir os objetivos propostos para aquela reencarnação representam justificativas inaceitáveis perante a Lei de Amor e Justiça. Na realidade, todos os recursos são colocados à nossa disposição, tanto na Espiritualidade quanto na matéria, pois sendo Deus, o nosso Pai Criador, Ele a tudo provê, mesmo quando estamos longe de aceitar a Sua bondade e justiça.

– Compete a todos nós seres racionais buscarmos cada vez mais o conhecimento que nos liberta dos prejuízos da ignorância, porém, como ocorre comumente na vida terrena, os acenos das facilidades, os anseios por posições sociais de destaque, as ambições desenfreadas, as situações em que nos sobressaímos, seja pela autoridade, seja pela condição financeira são fatores que acabam desviando a maioria dos encarnados de seus objetivos maiores. E agora, meus irmãos, em que aqui nos encontramos, dispondo de todo o tempo necessário para refletirmos acerca de nosso desempenho na última vivência terrena, e com a oportunidade da análise à luz do conhecimento da Boa Nova do Cristo, é preciso valorizar cada minuto, tornando nossa permanência neste plano sublime oportunidade de aprendizado, quando haveremos de nos preparar para o retorno no momento em que nosso Pai Criador assim o determinar.

Emocionados, todos aqueles recém-chegados acompanharam Irmão Valério na prece de agradecimento, retirando-se a fim de meditar profundamente em suas palavras. Foram momentos de profunda reflexão, em que cada espírito ali presente pôde constatar que aquelas verdades estavam presentes no íntimo de cada um.

Eduardo confidenciou à Mariana ter ficado extremamente tocado com aqueles ensinamentos, compreendendo que sua trajetória recente vinha confirmar que a oportunidade de evolução é oferecida a todos. Particularmente, ele entendia a Síndrome de Down em sua vida como ensejo de crescimento espiritual e a desencarnação ainda tão jovem, da maneira como aconteceu, representavam a ele e à sua família a oportunidade de resgate diante de débitos que certamente existiam, e que ele gostaria de conhecer para compreender ainda mais sua linha de compromissos não cumpridos em outras romagens terrenas.

Mariana sentia que aquele neto querido deixara o corpo físico da maneira prevista, diante do planejamento que certamente havia sido elaborado por Amigos Espirituais que o amparavam desde o primeiro momento.

Irmão Juvêncio, ao se despedir de Mariana e Eduardo, informou que nos próximos dias seriam apresentadas a Eduardo suas três últimas encarnações, a título de estudo. Pediu que ele orasse com fervor, preparando-se para recordar aquelas experiências realizadas no plano material, pois com certeza tomaria conhecimento de muitas situações que iriam surpreendê-lo.

capítulo 21

Os ensinamentos continuam

E assim, no dia convencionado, Eduardo e Mariana foram recebidos por Irmão Juvêncio no Departamento de Orientação e Análise, e para sua surpresa, os aguardava alguém muito querido. Ao vê-los Francisca os abraçou com muito carinho, dizendo a Eduardo:

– Meu querido, nesta última reencarnação nós não nos encontramos na matéria, mas temos caminhado juntos há muito tempo. Nossa ligação de amor vem de um passado remoto.

A sala a que foram conduzidos parecia mais uma sala

de cinema. Sentaram-se diante de uma enorme tela. Eduardo sabia que as cenas mais marcantes de suas existências passadas seriam apresentadas. Francisca os convidou a uma prece de fortalecimento e agradecimento a Jesus por aquele momento tão importante.

Eduardo se reconheceu na época medieval, em que fora filho de Julian. Viu com clareza que diante do comportamento do pai que o tratava com desdém, ele por várias vezes desejara sua morte. Recordou que nutria por Julian sentimento de ódio muito grande, e quando ocorreu o desaparecimento do pai, ele ficou satisfeito, mesmo escondendo esse sentimento de sua mãe. E, para sua surpresa, foi mostrado que o espírito que naquela reencarnação fora sua mãe é o mesmo que recentemente fora sua irmã Manuela.

Percebeu ainda que Manú, sua irmã na reencarnação recente, ainda nutria por ele o mesmo sentimento maternal que persistia em seu coração, apesar de ter cometido, naquela vivência remota, muitas falhas, comprometendo seu equilíbrio emocional e espiritual. Certificou-se ser ela a esposa de Julian, portanto sua mãe naquela época. Por este motivo Manú o tratara com desvelo e carinho, e ao vê-la naquela retrospectiva, reconheceu ser o mesmo espírito que já o acompanhava há muito tempo.

Reconheceu ainda que Manú, desde aquela reencarnação medieval agasalhava sentimentos conflitantes em relação ao espírito que como Julian a fez sofrer. Julian, retornando como Cesar ainda conservava instintos incontroláveis que agravou mais aquela situação de conflitos, que se arrastava há séculos.

Manuela, ao retornar como Débora, cujo caráter ainda

conservava resquícios de sedução que a levaram a despertar o ódio de Cesar, seu esposo, acabou sofrendo as consequências de sua invigilância ao ser surpreendida em adultério, fato que culminou com sua desencarnação provocada pelo descontrole de Cesar.

Eduardo viu com clareza e compreendeu naquele momento que Débora, primeira esposa de Cesar, nesta última romagem terrena, era o mesmo espírito que foi sua mãe no passado, e que recentemente retornara como Manú, sua irmã devotada.

Os sentimentos de Eduardo entraram em ebulição. Se como filho de Julian, Cesar na presente existência, ele odiava aquele pai, por que na existência que acabara de findar, ele já sentia amor por ele? Como se explicava aquilo?

Irmão Juvêncio, ao "ler" os pensamentos de Eduardo, veio em seu socorro, trazendo algumas informações:

– Meu jovem, você reviu aquela existência remota, e retém nítida em sua lembrança a última existência terrena, mas saiba que houve vários outros encontros entre vocês nas reencarnações que antecederam esse lapso espaço-temporal.

– Vamos agora remontar a uma jornada de provas que ambos vivenciaram em país africano, muito pobre. Vocês estavam ligados pelos laços familiares, como irmãos. Muito cedo ficaram órfãos, sendo acolhidos em orfanato dirigido por padres europeus. Ali, enfrentaram toda sorte de maus tratos, e o antigo Julian era o irmão mais velho, e ele sentia no seu inconsciente que deveria proteger você. Sempre que percebia que algum castigo seria infligido aos meninos que ali viviam, pois isso era comum, ele sempre procurava encontrar algum caminho para que você fosse poupado. Muitas vezes, ele sofria calado, para que você não sofresse perseguições.

– Certa vez, alguns garotos, dentre os quais estava você, fizeram uma traquinagem de criança. Entraram na cozinha para pegar frutas que seriam servidas aos padres, no jantar. A aventura foi descoberta, evidentemente, e Julian se apressou em assumir a culpa, dizendo que você não havia feito parte daquele ato, pois estava febril e estava na cama. Como ele era o mais velho daquele grupo foi castigado, sofrendo agressões físicas que eram denominadas de corretivos, passando uma semana na solitária, apenas com pão e água.

– Naquela existência, vocês tiveram muitos momentos difíceis, mas quando Julian atingiu a maioridade pôde deixar aquele local e lutou com todas as suas forças para se responsabilizar por você, conseguindo que ambos fossem morar nos fundos de uma ferraria, onde ele passou a trabalhar. Desta forma, ele devolvia a você os cuidados e carinhos que negligenciara como pai, no passado.

– Observe meu caro Eduardo, que em seu inconsciente estava registrada essa dedicação, justificando assim o carinho que você sentiu por Cesar (Julian) nesse encontro presente. Da parte dele, o amor é sincero, verdadeiro, pois esse espírito retornou inúmeras vezes em situações bastante difíceis, tendo crescido em alguns aspectos de sua personalidade, mas ainda falhando em outros.

– O mesmo aconteceu com sua atual irmã Manuela, que como a esposa de Julian foi abandonada, traída, e sofreu dores morais intensas, e também teve várias encarnações vivenciando provas difíceis. Entretanto, alguns pontos muito delicados de seu caráter ainda precisam ser remodelados. Como Débora, ela ainda foi vencida pela sensualidade, pelo interesse, culminando na trágica desencarnação. O crime praticado por Cesar não se justifica, entretanto, sabemos que a Lei dos Homens ainda incentiva o machismo em grande parte do Planeta. De certa forma, Cesar acabou mais uma vez agredindo a Lei de Ação e Reação, impulsionado que foi pelo comportamento condenável daquela esposa que, mesmo contando com o amparo de espíritos que a amam, mais uma vez deixou-se levar pela luxúria.

Aquele dia foi realmente especial tanto para Eduardo, quanto para Mariana. Afinal, ela fazia parte daquela história. Por motivos óbvios, a atuação de Mariana (Celine na reencarnação remota que foi revisitada) não fez parte das revelações. O objetivo era mostrar a Eduardo a longa caminhada que ele, Cesar e Manuela haviam empreendido para formar uma família que não se reajustara no passado, mas que de acordo com as Leis Divinas tiveram inúmeros reencontros a fim de encontrar o caminho da redenção.

Encerrado o encontro, acertou-se que no dia imediato aquele estudo de fundamental importância para todos teria continuidade. Assim, no restante do dia, Mariana e Eduardo fizeram questão de buscar aquele recanto bucólico, às margens do regato, a fim de meditar a respeito de tudo o que tinham visto e aprendido.

No dia seguinte, ali estavam novamente Mariana e Eduardo que ansiavam por rever parte do passado, buscando assim um novo rumo em sua preparação para futuros encontros.

Irmão Juvêncio e Francisca já a postos aguardavam seus queridos pupilos para dar continuidade àquele procedimento iniciado no dia anterior. Antes de iniciar a atividades do dia, Francisca carinhosamente se dirigiu a Mariana, informando que naquela oportunidade veriam, a título de aprendizado, o desenrolar de sua participação em todos os fatos que lhes foram apresentados no dia anterior.

Mariana se reconheceu imediatamente como Celine. Aquelas cenas que revia em sua mente, na época difícil de sua vida, quando rejeitada por Antero, eram as mesmas que naquele momento estavam sendo mostradas. Foi com muita emoção que reviveu toda a angústia sofrida com o comportamento de Julian (atual Cesar), o seu desespero ao imaginar que Sebastian (o atual Antero) pudesse descobrir a verdade, e naquelas recordações, o que mais a tocou foi o plano macabro que foi capaz de engendrar, e que culminou com a morte de Julian, crime que não foi descoberto na época pela comunidade em que vivia.

Tais recordações abalaram Mariana, que embora já tivesse conhecimento de tudo aquilo, não tinha as informações tão detalhadas como presenciava naquela oportunidade, e junto de Eduardo, o neto querido, ela se sentia ainda mais culpada, pois o fato de Eduardo ter sido filho de Julian, naquela época, e sofrido com tudo aquilo, a machucava muito.

Francisca, envolta em profundo amor por aquela neta querida, a abraçou com carinho, e a confortou com sabedoria ao lembrar-lhe de seu sofrimento em reencarnações posteriores, resgatando em cada uma delas cada ceitil de todo aquele desvario cometido.

– Mariana, disse Francisca, no encontro de Eduardo com Julian, no continente africano, você era a mãe daqueles dois garotos. No local onde nasceram as lutas elas eram intensas, pois os conflitos tribais eram ainda mais intensos do que os atuais. Você foi aprisionada, torturada, e finalmente morta, e seus filhos sobreviveram por intercessão dos padres europeus, que embora tivessem comportamento exageradamente severo, no abrigo que dirigiam, tinham como objetivo resgatar órfãos daquelas pequenas vilas, onde o conflito de etnias era constante. Essa foi apenas uma experiência, porque você também teve outras, em que reajustes provacionais a fizeram superar, aos poucos, aqueles sentimentos de vingança e ódio que faziam parte de seu caráter espiritual.

Terminada aquela fase de recordações necessárias, neto e avó se recolheram em meditação renovadora, para logo mais atenderem ao chamado de Irmão Juvêncio que lhes informava quais seriam os próximos passos que os aproximaria de Antero, com o objetivo de auxiliar aquele irmão a sair do campo negativo em que se encontrava. A ligação daquele grupo familiar precisaria ser refeita, e eles eram as ferramentas que Deus, o Pai Criador, utilizaria para aquela tarefa.

Enquanto Eduardo e Mariana se reencontravam com o passado, Antero insistia em se aproximar de Manuela, e realmente obtinha sucesso em seus intentos. Manuela, profundamente abalada com a desencarnação do irmão amado, perdia dia a dia suas defesas espirituais.

Praticamente, em todas as noites Manuela tinha pesadelos, pois algumas vezes sonhava que vivia em época remota, tumultuada, sem ter clareza dos fatos, e em outras se via em grande aflição, com medo de alguém que não conseguia identificar, mas que ela sabia estar disposto a assassiná-la.

Manuela estava apática, mal se alimentava, não conversava

com ninguém, tendo se afastado de todas suas atividades. Cesar e Tatiana oravam fervorosamente, suplicando ao Mestre Jesus que sua Manú aceitasse a ajuda que ambos ofereciam. Eles se revezavam nos cuidados com a filha, mesmo sabendo que ela os repelia. Antero, dentro desse quadro desolador, trabalhava no sentido de influenciar intensamente Manuela a começar a agredir verbalmente seu pai Cesar. Felizmente, ainda não havia conseguido seu intento, embora os primeiros passos para esse plano sinistro tivessem sido dados no sentido de debilitar Manuela, para que depois sua vontade fosse definitivamente enfraquecida.

Francisca, intuindo Cesar e Tatiana a buscar a ajuda espiritual na Casa Espírita, envolvia carinhosamente Manuela, espírito com quem ela tinha ligações seculares, e cujos laços de amor intenso a motivavam a se dedicar intensamente à sua recuperação. Iniciava-se assim uma etapa da maior importância na tarefa de libertação da amada Manuela, com a dedicação fraterna de Francisca e Irmão Juvêncio, movidos pelo amor.

Assim, iniciou-se na Casa Espírita um atendimento socorrista por meio de Tatiana e Cesar, objetivando a cura de Manuela. As orações fervorosas de todos começaram a surtir efeito. Antero apresentava dificuldade em se aproximar de Manuela, e Manuela sentia vontade inexplicável de pedir ajuda à sua mãe Tatiana.

Mais alguns dias se passaram e Manuela chamou a mãe pedindo-lhe que a ajudasse a se levantar, pois gostaria de conversar um pouco na varanda, e se possível, tomar um pouco de sol. Tatiana ficou exultante, agradecendo mentalmente a Jesus por aquele momento. Ela percebeu um brilho diferente nos olhos da filha.

Assim, por mais de uma hora, mãe e filha puderam conversar, recordar os bons momentos vividos. Tatiana conseguiu demonstrar a Manú o quanto ela era amada por seus pais. Foram momentos de grande alegria.

Aquele dia foi o início da instauração da paz naquele lar. Cesar, ao chegar do trabalho viu com emoção que a filha estava na sala lendo um livro, coisa que ela não fazia há algum tempo. Foi ao seu encontro, e para sua surpresa, ela se levantou e o abraçou. Cesar, que também já havia desenvolvido sua sensibilidade, sentiu-se inundar por eflúvios serenos e teve a certeza de que não estavam sozinhos naquele encontro. Sentiu que a Espiritualidade ali estava promovendo um verdadeiro oásis de paz naquele deserto de paixões.

Manuela aceitou o convite rejeitado inúmeras vezes para ir ao Centro Espírita. Lá chegando foi recebida com imenso carinho por aqueles amigos que a conheciam desde pequenina.

Enquanto na Terra se desenvolvia a abençoada tarefa de auxílio à Manuela, na Espiritualidade Irmão Juvêncio orientava Mariana e Eduardo a se prepararem para uma visita a Antero.

capítulo **22**

A libertação

E assim, alguns dias após, ambos se dirigiram ao setor 1 da Colônia e se encontraram com Antero, que ao vê-los se assustou, pois não esperava por aquele encontro. Francisca, ao longe, envolvia aqueles espíritos queridos em muito amor, formando um campo de luz ao redor dos três.

– Vovô Antero – disse Eduardo – que alegria em poder lhe trazer o meu abraço!

O primeiro impulso de Antero foi o de se afastar, mas algo o impelia a permanecer. Naquele instante, ele ficou sem ação. Estava paralisado diante de tanto carinho, de tanta doçura que sentia na presença do neto.

– Antero, como está meu caro?

Mariana se esforçava para ser natural, embora ela estivesse temerosa com a reação de Antero, como havia acontecido no encontro anterior. Ela se sentia amparada por Francisca e Juvêncio, e assim tinha certeza de que estaria segura diante do esposo.

Passado o primeiro impacto, Antero se recuperou, tornando-se ríspido, mas já não tanto quanto da primeira vez. Olhou firmemente para Eduardo e disse:

– Pois então nós dois fomos prejudicados, não é? Você por um motivo, e eu por outro. Você já sabe de tudo o que esta daí nos fez? Fala, apontando para Mariana.

Eduardo, amparado por Francisca e por Irmão Juvêncio, revestido de muita calma, segurou nas mãos de Antero e disse:

– Vovô, nós podemos conversar um pouco?

Com a anuência de Antero, Eduardo disse a Mariana:

– Vovó, eu vou me sentar com vovô Antero, à beira do lago, você se importa?

Mariana compreendeu a intenção do neto, e sorridente respondeu:

– Meu querido, fique à vontade, eu vou caminhar um pouco.

Assim, Antero e Eduardo chegaram à beira do lago, e Eduardo convidou o avô a se sentar na relva macia.

– Meu amado avô, eu estava ansioso por este encontro. Há quanto tempo não temos a oportunidade de conversar. Já fizemos isso muitas vezes, em existências anteriores, em que já caminhamos juntos. Talvez você ainda não tenha acesso ao seu arquivo mental, pois nos encontramos em terras da África, quando eu e Julian, ou Cesar, como você preferir, reencarnamos como irmãos.

– Vovô, você era o diretor do Abrigo, para onde fomos levados. Europeu, rígido, comandava com mãos de ferro todos que ali viviam, seja como clérigos, seja como órfãos. Sua autoridade beirava a crueldade, na maioria das vezes. Você tinha especial aversão por meu irmão, e sempre que podia, o castigava com requintes de perversidade. Ele, por sua vez, tudo fazia para me livrar de sua perseguição, e por várias vezes foi punido, quando na realidade, ele era o único a não se envolver nas traquinagens dos menores.

– Sabe vovô Antero, Julian ou Cesar, como meu pai nesta última reencarnação, apesar de ainda ter muitas falhas, se esforçou muito para ser um homem íntegro. Sei que não é fácil perdoar, mas eu lhe peço, deixe-me mostrar que aquele Julian do passado já não existe mais. O tempo lhe deu várias oportunidades para reparar seus erros pretéritos, e ele tem se esforçado bastante. Foram várias reencarnações enfrentando duras provas, em que ele conseguiu caminhar de forma positiva, rumo ao crescimento espiritual.

Eduardo sentia enorme emoção naquele momento, pois percebia que estava tocando o coração de Antero, e assim continuava.

– Vovô, você se lembra quando rejeitou vovó Mariana, na ocasião da gravidez? Era o peso do passado influindo em seus sentimentos, em suas ações. Você se lembra o quanto ela relutou em aceitar seu pedido de perdão, até concordar com a união de vocês? Pois bem, mais uma vez o inconsciente a levava a sentir que algo havia entre vocês, que vinha de muito longe.

E, no final, as bênçãos de Deus fizeram com que vocês três, no reencontro bendito, pudessem conviver por longo tempo.

– Você já se perguntou por que ficou paraplégico, já no adiantado dos anos? Certamente, quando você se dispuser a rever essa reencarnação da qual lhe falei, lá na África, que naquela ocasião estava ainda distante de muitos hábitos civilizados, compreenderá que há muitos pontos a serem resgatados em sua longa trajetória. Você, certamente, não esqueceu a dedicação de meu pai Cesar a você, durante o tempo em que estiveram recentemente vivendo como pai e filho.

– Agora vovô, vamos retornar e eu quero te pedir com todo o amor de meu coração, que se aproxime de vovó Mariana, pois ela também caminha há muito tempo na senda da redenção. Tem se esforçado muito a fim de reparar antigos débitos, e igualmente, precisa do seu carinho, da sua amizade, do seu perdão definitivo.

Assim, ambos retornaram vagarosamente até se aproximarem de Mariana que estava junto à Francisca – a bondosa Mentora que se apresentou naquele momento em que haveria de ser coroada a paz entre aqueles espíritos que por séculos haviam se enfrentado no palco da vida.

A emoção de Antero foi ainda maior. Sabia que Francisca era uma das veneráveis mensageiras que se dedicava ao setor 1 da Colônia, mas ele não a via já há algum tempo. Ela bondosamente o abraçou dizendo:

– Meu querido Antero, que alegria poder abraçá-lo. Eu estava ansiosa por este momento em que a bondade de Deus Nosso Pai se faz ainda maior, abrindo o verdadeiro sol interior que haverá de aquecer seu coração.

– Meu querido, você se liberta hoje de um pesadelo terrível e, com certeza, se inicia agora uma nova fase em sua vida. Este despertar para o amor vai perfumar a sua existência sempre, onde quer que você esteja.

Sentindo-se mais leve, Antero se desculpou com Mariana, e prometeu a Francisca que tudo faria para aliviar Manuela de todas aquelas energias negativas, e dizendo do seu arrependimento, pediu permissão para procurar seus Instrutores, de quem ele sempre procurava se esconder, imaginando ser eles quem o evitavam. Compreendeu naquele momento que os Instrutores, seguindo os ensinamentos de Jesus, procuravam não constrangê-lo em momento algum. O quanto ele se iludiu, percebendo toda a realidade que vinha refletir o quanto os espíritos mais esclarecidos evitam subestimar ou constranger os menos esclarecidos.

Juntos, agradeceram à bondade do Pai. Mariana e Eduardo retornaram ao seu setor, e para sua alegria, receberam a informação que naquela noite iriam, juntamente com Francisca, Irmão Juvêncio e Antero até ao Centro Espírita Amor e Luz, onde haveria o reencontro entre Antero, Cesar, Manuela e Tatiana.

* * *

Cesar, Tatiana e Manuela se preparavam para se dirigir ao Centro, e uma alegria contagiante pairava no ar. Tatiana relembrou que logo pela manhã havia convidado Manú a fazer a leitura do Evangelho, preparando-se para iniciar aquele dia que ela sentia seria de grandes realizações. Os afazeres domésticos ocuparam sua atenção, e aproximava-se o cair da tarde quando Manú chegou à sala de estar, dizendo:

– Mamãe, eu acho que já vou me arrumar para irmos ao Centro.

Tatiana se alegrou com a disposição da filha, e a incentivou a se preparar para a reunião da noite. Dentro de alguns minutos Cesar chegava a casa, e Tatiana relatava como tinha sido o seu dia e o de Manú. Aquela brisa de serenidade que havia pairado no ar durante todo o dia, tinha sido igualmente sentida por ele.

capítulo 23

Um encontro de amigos

Às 19 horas a família se dirigiu ao Centro Espírita Amor e Luz, e ali chegando, como sempre, foram acolhidos com simpatia e cordialidade. Precisamente às 19h30min iniciou-se a palestra pública, cujo tema era o perdão e a reconciliação. A emoção tomava conta dos corações de Cesar, de Tatiana e de Manuela, e eles sem saber explicar, sentiam-se unidos por laços invisíveis.

De imediato, Cesar sentiu a presença de Mariana e Antero e ao final da palestra, comentando com a esposa e a filha, percebeu que elas também haviam sentido o mesmo. Cesar, então, se dirigiu ao orientador, perguntando se aquele encontro seria possível, ou se ele estaria imaginando coisas...

A confirmação veio serenar suas expectativas. Genésio, colaborador da Casa Espírita, informou a Cesar que desde à tarde daquele dia ele sentia, dentro do Centro, a presença daqueles velhos amigos, com quem tivera a felicidade de conviver. Informou ainda que o dirigente espiritual, o Irmão Juvêncio, já havia preparado o ambiente para que aquele encontro pudesse ocorrer com toda serenidade.

A assistência espiritual teve início, e o intercâmbio mediúnico, que naquela época ainda ocorria na presença dos assistentes, possibilitou àqueles espíritos ligados desde há muito, a oportunidade do perdão mútuo.

Irmão Juvêncio, por meio do médium Genésio, se dirigiu a Cesar com emoção:

– Querido companheiro de antigas jornadas, nesta noite um caminho áspero, percorrido por corações em sofrimento, chega ao seu final. Aqui presentes seus pais, com a permissão do Sublime Peregrino, trazem a você o abraço tantas vezes protelado. Saiba você meu caro Cesar que há séculos vocês caminham por trilhas tortuosas, onde os espinheiros da vingança causaram muita dor e sofrimento. O abraço carinhoso com que eles te envolvem neste instante veio selar o compromisso do amor. E agora, nosso querido Antero tem a permissão de dirigir algumas palavras a Manuela, pois deseja se retratar de tantos pensamentos de ódio insuflados em sua mente.

A médium Fabiana naquele instante sentia a influência

daquele espírito que, visivelmente, emocionado se dirigiu a Manuela:

– Minha querida neta me perdoe. Na minha inferioridade, no meu desejo descabido de vingança eu me deixei arrastar por sentimentos condenáveis, e o que é pior, tentei me utilizar de seus sentimentos, de suas palavras para agredir a este que hoje é meu filho. Longe estava eu de imaginar quantos liames existem em todas as existências que nos unem no campo dos desafios, e o quanto eu também errei.

– Eu me coloquei na condição de juiz, de vingador, sem antes procurar conhecer toda a verdade acerca de meus erros e acertos. Por esse motivo lhe peço perdão. Os anjos bons chamados Eduardo e Francisca, nossa Benfeitora querida, tiveram para comigo toda a generosidade possível, abrindo os meus olhos para a realidade dos fatos. Perdoe-me, neta querida, eu te peço de todo coração.

Grande foi a emoção de todos, e naquele clima de gratidão a reunião foi encerrada, e o grupo de tarefeiros sentiu a agradável sensação do dever cumprido. Servir de instrumento para a bondade do Pai proporcionou aos presentes muita paz.

Naquele momento, com o rompimento do aguilhão que prendia aqueles espíritos, tantas vezes enredados na dor, se encerraria mais uma etapa de experiências, e de muito crescimento espiritual.

De retorno à Colônia Espiritual a caravana seguia feliz. Antero seguia junto daquele grupo em que já planejava suas ações fraternas, dentro das possibilidades que lhe cabia, e já percebia que a preocupação de todos girava em torno do aprendizado e do auxílio aos irmãos necessitados. Em dado momento, ainda tímido, sentiu vontade de pedir a Irmão Juvêncio uma oportunidade para ser útil, mas se retraiu.

Irmão Juvêncio, em sua generosidade, sorriu com bondade para Antero dizendo:

– Meu querido irmão, não há motivo para você se retrair. Suas atitudes de hoje demonstram que você quer buscar novos caminhos e, portanto, terá sim todas as oportunidades de aprendizado, de trabalho, de evolução. Nossa querida Francisca cuidará desse assunto, inclusive já tem uma proposta a te fazer.

Antero se surpreendeu, pois Irmão Juvêncio havia lido seus pensamentos. Francisca veio em seu socorro, lembrando que na Espiritualidade é possível, sempre que haja intenção saudável e caridosa, captar os pensamentos sendo, portanto, uma prática comum em meio àqueles que fazem da caridade seu modo de vida. Naquele momento, Antero percebeu o quanto teria de aprender para poder ser útil.

Começava para ele um novo momento. No setor 1 da Colônia Espiritual Antero foi convidado a auxiliar aqueles irmãos desvairados, que se tornavam agressivos com a proximidade de quem quer que fosse. Antero foi apresentado à irmã Eulália, abnegada senhora que irradiava enorme paz, e que há duas décadas desempenhava as funções de coordenadora daquele departamento que era chamado de setor do "acolhimento fraterno".

Antero se esforçava ao máximo para fazer um bom trabalho. Recordava-se de todo o bem que havia recebido, desde o momento em que se viu em sua nova forma de vida, e assim foi se tornando querido por aqueles internos que já começavam a se desarmar diante de suas palavras, de suas atitudes de servidor.

Mariana, por sua vez, também buscava novos aprendizados, recebendo de Francisca o convite para as tarefas de amparo fraternal àquelas mães recém-chegadas à Espiritualidade, combalidas pela realidade que as afastara de seus afetos mais preciosos.

Trata-se de uma tarefa que exige dedicação e equilíbrio, pois é grande o sofrimento e somente o amor bendito da Mãe Santíssima, que é invocado a todo o momento, consegue acalmar o estado angustiante dessas almas.

* * *

Naquela época, Manuela no plano terrestre retornava às suas atividades profissionais. Após concluir a faculdade de Psicologia, procurava se atualizar cada vez mais em sua profissão, e havia tomado a decisão de estudar a Doutrina Espírita para melhor compreender os porquês, os fatos que até então eram desconhecidos para ela. Percebia que ascendia profissionalmente, e o conhecimento espiritual abria para ela novos canais intuitivos que a capacitavam a penetrar fundo nas questões mais complicadas.

Vários meses se passaram após aquele turbilhão que afetara a família. Cesar sentia-se um tanto cansado, e por vezes era tomado por grande desânimo. Estava em vias de se aposentar, e planejava se dedicar como voluntário a alguma tarefa em que pudesse se sentir útil.

capítulo **24**

Resignação

Mas, a jornada terrena ainda lhe reservaria surpresas. Certa noite, Tatiana acordou sobressaltada e notou que Cesar não se encontrava no quarto. Chamou pelo esposo, mas ele não respondeu. Chamou por Manú, que também acordou assustada e ambas desceram as escadas do sobrado onde residiam. Ao chegarem à sala avistaram Cesar caído no tapete e o chamaram insistentemente. Perceberam que ele estava inconsciente, e imediatamente chamaram o socorro. Em pouco tempo a equipe de paramédicos chegava ao local, removendo Cesar até ao hospital mais próximo.

Havia sido constatado um derrame cerebral. A aflição tomou conta de Tatiana e Manuela, pois ainda não havia mais informações acerca das consequências daquele acidente vascular cerebral. Ambas se recolheram em oração, e naquele momento os amigos espirituais e os familiares desencarnados as cercaram de amor e de energia. Após algum tempo, o médico trouxe informações sobre o estado de saúde de Cesar:

– Felizmente nosso paciente resistiu, porém, ficarão algumas sequelas, e ainda é um pouco prematuro para enumerá-las. Mas, o importante é que o Sr. Cesar sobreviveu. Por hora, aconselho que retornem às suas casas, pois ele ficará no Centro de Tratamento Intensivo. Fiquem tranquilas, pois ele está recebendo toda a assistência que necessita.

Manuela e Tatiana retornaram ao lar, já quase de manhã, e de imediato buscaram no Evangelho as forças necessárias para superar aquele momento aflitivo. Sensitivas que eram, perceberam que a partir daquele momento grandes mudanças haveria em suas vidas. Mas, em oração sentiram que o amparo divino não lhes faltaria. Ainda ligadas à força da prece, sentiram no ambiente a presença de Eduardo, de Mariana e de Francisca, que carinhosamente as abraçaram, transmitindo-lhes imensa sensação de tranquilidade.

Após pequeno descanso, retornaram ao Hospital. Tiveram permissão para adentrar ao C.T.I. apenas por alguns minutos, e ali puderam levar o seu carinho a Cesar, mesmo sem que ele pudesse dar conta do que se passava. O médico que as recebeu, solícito, respondeu a todas as perguntas comuns em situações como aquela.

Mais alguns dias e já se tinha noção das sequelas. Cesar,

apesar de ainda não estar completamente lúcido, dava sinais de melhora, sabendo-se que não recobraria todos os movimentos. O lado direito do corpo estava comprometido. A fisioterapia indicada já estava sendo providenciada, e com várias recomendações. A melhora sensível de Cesar possibilitou-lhe, depois de mais alguns dias, a volta para casa.

As adaptações já haviam sido providenciadas. Inicialmente, a cadeira de rodas, pois o lado direito do corpo perdera todos os movimentos, e o lado esquerdo ainda não estava completamente firme. A consciência retornara à sua plenitude, o que possibilitava a Cesar participar das preces diárias que eram conduzidas por Tatiana. Havia um clima de esperança naquele lar, e os amigos sinceros traziam diariamente sua solidariedade, minimizando a situação que tinha mudado provisoriamente o ritmo de vida de toda a família.

Cesar, consciente de tudo o que havia ocorrido, sentia lá no fundo de sua alma que resgatava o passado que ainda estava presente, providenciando o reajuste conforme as sábias Leis do Pai Criador. Procurava aceitar mais aquela prova à sua fé. Sabia que a resignação iria fortalecer a todos, quando diante de oportunidades de crescimento.

Vários mecanismos estavam sendo utilizados. A fisioterapeuta, amiga da família, trazia recursos importantes para estimular a recuperação de algum movimento, facilitando funções básicas, como se alimentar. Contudo, não se obtinha grandes resultados, um fato aceito por Cesar, que intimamente sabia o porquê.

As leituras doutrinárias ocupavam grande parte do dia daquele homem que procurava, com esforço, buscar no seu íntimo respostas para mais aquele desafio.

Sua sensibilidade se desenvolvia ainda mais, e seus sonhos passaram a ser tão reais que ele se deslocava até remotas reencarnações, conservando algumas lembranças ao despertar. Começava assim a fase mais importante de sua vida, em que ele se preparava para a reconciliação plena com Manú, espírito que trazia muitos motivos para rejeitá-lo.

Conforme orientação de Irmão Juvêncio, que o direcionava a buscar o fortalecimento por meio do conhecimento da verdade, ele nada comentava com Manú, nem com Tatiana. De alguns fatos elas já tinham conhecimento, desde aquela noite memorável em que Antero trouxera suas palavras de reconciliação. Mas, havia ainda muitas informações da longa trajetória daquele grupo em evolução que não seriam produtivas a elas, no momento. E assim, Cesar caminhava com força redobrada por aqueles novos caminhos de redenção.

Manuela, por sua vez, amadurecia a cada dia. Dedicava-se ao trabalho voluntário na Casa Espírita. Dentro de sua formação como Psicóloga atendia semanalmente àquelas pessoas necessitadas de terapia, que não tinham recursos financeiros para frequentar um consultório. Era muito querida por todos, e ela mesma sentia que sua vida naquele momento tinha novo sentido.

Ao chegar a casa, diariamente, se dirigia antes de qualquer coisa até onde estivesse o pai, que ela reconhecia amar intensamente. Desde a mudança radical na vida de Cesar, ela sentia que bem lá no fundo de sua alma uma sensação diferente nascia de forma a lhe mostrar que ele fazia parte de seu mundo, já há muito tempo. Eram sensações variadas que a envolviam, ora mostrando que ele já a havia prejudicado, e ora a havia auxiliado muito, em várias situações. Mas, tudo era envolto em uma bruma que não lhe permitia ver com clareza o desenrolar dos fatos. O que ficava bem claro era que ela queria ajudá-lo naquela situação.

Tatiana, de sensibilidade apurada, percebia que todos aqueles acontecimentos haviam sido determinantes para que as arestas, que ao longo de todos aqueles anos se faziam presentes, fossem aparadas.

A dedicação de Manuela a fazia melhor a cada dia. Cesar se preocupava com o futuro da filha, e dizia sempre:

– Filha, você precisa se relacionar mais com pessoas de sua idade. Não quero ser um peso em sua vida. Não quero que você se preocupe tanto comigo, e a partir de hoje, eu te peço que procure se divertir, viajar, e esteja certa de que eu e sua mãe estaremos bem. Tatiana reforçava as palavras de Cesar.

E assim, Cesar e Tatiana tudo faziam para mostrar à filha que eles superavam as dificuldades. Cesar já se levantava, porém sempre apoiado em Tatiana. Procurava caminhar, mesmo arrastando a perna direita, mas fazendo uso de todos os recursos disponíveis. Aos poucos Manú foi cuidando um pouco mais de si mesma, mas sempre solícita às necessidades dos pais.

Algum tempo depois, sua amiga Berta lhe trouxe alguns prospectos acerca de um roteiro cultural que se realizaria na Inglaterra, e insistia muito para que Manú a acompanhasse. A incerteza tomou conta de sua alma. Como viajar e deixar ali o pai e a mãe? Parecia que isso seria uma espécie de abandono...

Ao tomar conhecimento daquela possibilidade, Cesar e Tatiana se empenharam muito para que a filha se decidisse pela viagem. Tanto se esforçaram, até que ela decidiu fazer aquela viagem que na verdade era a conquista de um velho sonho. Manuela sempre desejara conhecer a Inglaterra.

capítulo **25**

Uma viagem de aprendizado

Chegou finalmente o grande dia. Os pais de Berta chegaram à casa de Manú para buscá-la, pois seguiriam de carro até a Capital, de onde as moças tomariam o avião com destino a Londres. Foi grande a emoção. Seria a primeira vez que haveria uma separação mais longa. Após as despedidas seguiram todos felizes, rumo à Capital.

Aquele dia foi muito difícil para Cesar e Tatiana, que apesar da alegria em ver a filha querida fazer aquela viagem dos sonhos, sentiam muito a sua falta. Havia um vazio, e inconscientemente eles só falavam da filha, recordando desde os seus primeiros passos, fazendo uma retrospectiva de todos os fatos, tristes e alegres vivenciados juntos.

Assim foi até ao anoitecer. Lembranças, lágrimas, até que se deram conta de que estavam se comportando como crianças.

– Cesar, dizia Tatiana, assim ficaremos deprimidos, afinal nossa filha foi fazer uma belíssima viagem, e na volta terá muita coisa a nos contar, com certeza.

E, assim, após as orações diárias resolveram se deitar, pois afinal, naquele momento, Manú já estaria viajando rumo ao seu destino.

Berta e Manú estavam radiantes. Depois de um voo tranquilo, elas chegaram com grandes expectativas, pois afinal, o roteiro cultural as interessava muito. A programação era intensa – visita a museus, palácios, teatros, e vários pontos turísticos. Algumas pequenas cidades mais para o interior também faziam parte dos opcionais, e elas estavam dispostas a conhecer.

Ficavam encantadas com tanta beleza, e com a cultura local. Por alguns momentos até pensaram em se programar para futuramente retornar com a finalidade de estudar, pois as opções intelectuais eram inúmeras. Já faltando poucos dias para o retorno Manú teve sua atenção voltada para um passeio que estava proposto no setor de turismo do hotel. Tratava-se da visita a pequeno lugarejo, preservado pelo seu valor histórico. Ela sentiu uma vontade enorme de fazer aquele passeio. E assim, ao chegarem ao local, o guia reuniu o grupo e começou sua dissertação:

– Senhores, conforme conta a história, na época medieval, quando o domínio da Inglaterra era ainda mais vasto, houve um período de muitos conflitos, muitos fatos que eram transmitidos de pai para filho, relatando a cultura da época. Falava-se que muitos colonos haviam se rebelado contra a miséria que os ricos proprietários impingiam a eles. Nas plantações de uva e nas demais culturas o trabalho era árduo, e os camponeses de modo geral, mesmo apresentando hábitos um tanto rudes, conviviam aparentemente em paz.

O guia relatava algumas histórias, e ao chegar a um parapeito de concreto, convidou o grupo a observar a altura do penhasco. No momento em que Manú se dirigiu àquele ponto indicado pelo guia turístico, sentiu leve vertigem que a fez cambalear, sendo prontamente amparada por Berta. Imediatamente socorrida, sentou-se em um banco de pedra, sob frondosa árvore.

Charles, o guia turístico convidou o restante do grupo para se sentar também, pois gostaria de relatar alguns fatos que constavam do roteiro. Assim, todos se acomodaram para ouvir o relato:

– Nestas casas de pedra, características da época medieval, muitos conflitos aconteceram, quer por disputas pelas lideranças, quer por conflitos familiares ou amorosos. E, entre os muitos relatos que constam da história desse vilarejo, existe uma que faz parte de nosso programa nos cursos de turismo. Trata-se do drama de uma pequena família, composta por pai, mãe e dois filhos. Conta-se que o pai, de nome Julian era pessoa de temperamento rude e intempestivo e que, embora tivesse se casado com uma moça que o amava muito, ele não tinha por ela o mesmo amor, e assim sempre se envolvera em aventuras fora do lar. Inclusive pensava em deixar o vilarejo e buscar um outro lugar, pois ali não era bem recebido, e constantemente se envolvia em brigas.

– Conta-se que em um determinado dia saiu para o trabalho e não mais retornou. No início, a própria família entendeu que ele retornaria com boas notícias para que se mudassem dali. Mas, o tempo passou, e nada de Julian retornar. A esposa, diante dos fatos, viu-se em grande desespero. O filho mais velho, segundo consta, odiava o pai, e até se sentiu aliviado com o seu desaparecimento. As pessoas do local, durante certo tempo, auxiliaram aquela mãe e seus dois filhos, porém com o passar do tempo essa ajuda se extinguiu. Diante das lembranças e das dificuldades, certa manhã, juntando o pouco que tinham, buscaram refúgio com um parente distante, que também enviuvara, mas tinha algumas posses.

– O mais interessante, porém, é que depois de vários anos uma viúva chamada Celine adoeceu e ficou com as faculdades mentais abaladas. Caminhava a esmo, pronunciando palavras desconexas. Havia no povoado um senhor chamado Pierre que começou a observar as palavras da velha Celine e juntou as frases. Acabou se lembrando que ele, certa vez, transmitira um recado de Celine para Julian, e foi depois disso que ele não foi mais encontrado. Pierre começou a se incomodar com aquela situação, mas não conseguiu averiguar nada com Celine, visto as péssimas condições emocionais em que ela se encontrava.

– O estado de Celine se agravava, e certo dia ela se dirigiu à beira do precipício, onde antigamente havia uma trilha onde era observada a distância por Pierre. Ele a chamou e se dirigiu rapidamente ao local, mas era tarde demais. Ela havia se atirado, desatinada. Os homens do povoado foram chamados para o socorro, e com cordas conseguiram descer ao local extremamente perigoso. Já a encontraram sem vida. E, para a surpresa de todos, encontraram uma ossada. Diante daquela descoberta, muitos moradores antigos associaram o desaparecimento de Julian àquela ossada encontrada. Não se tinha certeza, mas a suposição era que se tratava dos restos de Julian. Apenas Pierre sentiu no fundo de seu coração a certeza do que havia se passado vários anos antes. Relembrou com clareza de como fora chamado por Celine, de como dera o recado para Julian, da dúvida que ele mesmo ficara com o desaparecimento daquele homem, do receio que tivera em comentar sobre o recado, enfim, tudo ficava muito claro em sua mente.

– Imediatamente ele se sentiu culpado também, e procurou o pároco para se confessar. Como o fato havia se passado muito tempo antes, ficou a dúvida sobre as palavras de Pierre, que após a confissão, acabou comentando também na taberna e alguns entenderam como lenda, e outros como fruto da imaginação de Pierre. O fato é que na cultura local essa história passou de geração em geração com a seguinte moral: "quem mal vive mal acaba".

* * *

Manú, sentada no banco de pedra ouviu todo o relato, no mais profundo silêncio. Fechou os olhos e visualizou cada palavra com o colorido do pretérito espiritual. Via-se integrada à história. Em sua mente registrava a figura de Cesar, de Mariana, de Eduardo, de Antero, e via-se com outra imagem. Como em um filme muito nítido, todas aquelas informações lhe pareciam retiradas do fundo de sua alma. E, quando o guia encerrou seu relato, sua amiga a despertou daquele torpor.

Ela se sentiu diferente, meio anestesiada, e a amiga associou essa sensação ao cansaço dos últimos dias, pelos horários muito corridos, e pelas atividades intensas em que elas estavam participando.

Retornaram ao hotel, pois viajariam na noite seguinte.

Manuela, em suas orações, pediu muito a Jesus que ela pudesse voltar em espírito até aquele local. Sentia que ali estava parte de sua história. Preferiu nada comentar sobre os acontecimentos daquele dia com a amiga. Após alguns minutos, viu-se desligada parcialmente do corpo físico, e percebeu que estava no local desejado. Para sua surpresa e alegria, avistou vovó Mariana que, serenamente, a convidou a acompanhá-la.

Ambas se dirigiram ao casebre parcialmente destruído, e ali Mariana convidou Manú a ouvir uma outra parte da história.

– Minha querida, iniciou emocionada. Aqui vivemos há muito tempo eu, seu avô Antero e os filhinhos amados. Você, Julian e seus filhos residiam um pouco mais adiante, onde hoje se vê aquelas frondosas árvores.

As lembranças de Mariana se faziam visíveis para a neta que percebia, então, tratar-se do mesmo espírito que vivera como Celine no passado, e sua amada avó na última reencarnação.

A dor de Mariana se estampava no olhar banhado de lágrimas, enquanto segurava as mãos da neta querida, pedindo-lhe perdão pelo sofrimento causado. Relatava para Manú os detalhes até, então, desconhecidos para ela. Com muita emoção, se penitenciava por ter enganado os mais puros sentimentos de Sebastian (reencarnado como Antero), pois mesmo esperando um filho de Julian ela se casou com ele. Reconhecia-se como a causadora da imensa dor que atingira o lar de Julian, pois naquele desespero em que se via colocada pelas ameaças do próprio Julian, acabou planejando sua morte.

– Manú, dizia Mariana, naquela situação em que eu me encontrava, diante do pavor de que a verdade fosse descoberta, diante das ameaças de Julian, deixei-me vencer pela falta de coragem em enfrentar o repúdio, e acabei atraindo Julian para a morte.

– Como você ouviu do guia, minha vida teve um desfecho terrível, perdendo a sanidade mental, e encerrando aquela reencarnação da pior forma possível, por meio do suicídio. O que a história não registrou é que até atingir aquele estado de insanidade o meu sofrimento foi intenso, pois o remorso me fez perder a alegria de viver, e acabei sendo abandonada por Sebastian, que mesmo não tendo descoberto a verdade, mudou totalmente sua forma de vida, e hoje sei que influenciado por Julian, que jurando vingança, passou a exercer um processo de simbiose, até aniquilar a vida de Sebastian, e consequentemente a minha também.

– Vendo-me abandonada com os filhinhos para dar o pão de cada dia, por algum tempo, consegui pequenos trabalhos, em troca de alimento e depois cheguei a mendigar um prato de comida para mim e para eles. Quando você deixou o povoado, vi-me mais aliviada, pois cada vez que a via a culpa me queimava as lembranças. Até que um dia consegui um emprego na estalagem onde meus filhos já um pouco mais crescidos também faziam pequenos trabalhos. Os anos se passaram, e os meninos começaram a cuidar de si próprios. Cada um seguiu o seu destino. E, com o passar do tempo, o descontrole emocional se agravou e me tornei uma pedinte sem moradia, sem pão, vivendo à mercê da caridade alheia.

– No final daquela existência deixei o corpo físico atirando-me no mesmo lugar onde outrora havia empurrado Julian. Vi-me presa de uma falange de malfeitores que por longo tempo me torturou no vale das sombras. Não sei quanto tempo durou esse sofrimento, mas em certa ocasião, no desespero de me ver sozinha, abandonada por todos, lembrei-me de pedir a Deus que me perdoasse e me tirasse daquele sofrimento. Implorei com todas as minhas forças. Naquele momento, fui abraçada por alguém que já naquela época era nimbada de intensa luz. Vovó Francisca bondosamente me retirou daquele local onde havia choro e ranger de dentes.

– O tempo, dádiva divina, me deu muitas oportunidades de reajuste, assim como deu a Julian. Hoje, querida, superamos, todos nós, uma grande parcela de todos esses descaminhos.

Manuela, em desdobramento natural, pelo sono, registrou todas aquelas revelações. Retornando ao domínio do corpo físico não possuía a lembrança total dos fatos. Contudo, tinha a certeza de ter vivido no local visitado durante o dia, assim como tinha a lembrança de que ter visto o seu pai, os seus avós paternos Antero e Mariana, além de ter visto o seu irmão Eduardo, e ainda se reconhecia em uma outra roupagem carnal.

Desperta pela madrugada, um sentimento diferente a envolveu, e após orar com muito amor por aqueles que estavam presentes em sua lembrança, adormeceu novamente, acordando com o chamado de Berta que a lembrava que naquele dia retornariam ao Brasil.

Foi com um sentimento de "quero voltar" que Manuela e Berta se dirigiram ao aeroporto de Londres, de onde, após as providências necessárias, embarcaram de volta para casa. Cada uma delas tinha uma emoção diferente. Traziam na bagagem muito mais do que lembranças regionais, especialmente Manú que sentia no íntimo de seu ser alguma coisa diferente, como se tivesse amadurecido bastante naqueles dias em que teve a oportunidade de conhecer lugares que marcaram de forma definitiva seus sentimentos.

A alegria e o amor com que foi recebida por seus pais completaram a sua felicidade. Tinha vontade de dizer a eles que era a filha mais grata do mundo, pois esse era o sentimento que a animava, mas como era contida, procurou demonstrar todo seu carinho e gratidão. Compreendia, naquele momento, toda a sua trajetória nessa última reencarnação, em que foi adotada justamente por aquela família que ela amava, mas, que em certas ocasiões sentia certa rejeição. Não tinha clareza dos detalhes do sonho revelador, mas o mais importante é que tinha certeza de que aquele grupo familiar vinha de longa data caminhando junto.

Nas Leis sábias de Deus Nosso Pai não há espaço para revelações que possam interferir no equilíbrio e na paz dos encarnados, e dessa forma, os sentimentos se alteram diante de percepções que o subconsciente registra, porém, a discrição nas informações são características da atuação da Espiritualidade Maior.

Encerrado aquele ciclo de provas necessárias ao crescimento espiritual dos componentes daquele grupo familiar, iniciou-se outra etapa.

capítulo 26

A grande viagem

Cesar, apesar de ter vivenciado provas difíceis em várias reencarnações, ainda tinha muitos débitos a ressarcir, e com o passar do tempo havia recuperado boa parte dos movimentos. Entretanto, sua deficiência circulatória agravava-se a cada dia, prenunciando que no seu programa reencarnatório estariam previstos alguns acontecimentos que iriam oportunizar o burilamento daquele caráter que ainda apresentava resquícios de grande impetuosidade.

Dessa forma, na época próxima ao Natal, Manuela e Tatiana estavam preparando a casa para a comemoração, quando ouviram um barulho surdo. Correram para a cozinha onde Cesar, apesar de se locomover vagarosamente já há algum tempo, costumava tomar uma xícara de leite com café, enquanto lia seu jornal. Ao chegarem à cozinha ele estava caído no chão. Elas o chamaram desesperadamente, mas ele não respondeu, entretanto, perceberam que respirava ofegante. A busca pelo socorro foi imediata.

Rapidamente chegou a ambulância que conduziu Cesar ao hospital, como havia acontecido há algum tempo atrás. Tatiana e Manuela se recordaram daquele dia que já estava meio esquecido, e sentiram, naquele momento, que o quadro era bem mais grave.

Após a verificação do estado de saúde de Cesar, pelos médicos daquele hospital, ambas receberam a notícia desalentadora. Cesar estava inconsciente, pois o problema era muito sério. Não havia muitas esperanças de que ele recobrasse a consciência.

Uma semana depois, o estado de saúde de Cesar permanecia inalterado. Tatiana e Manuela oravam fervorosamente pedindo por sua melhora. Certa manhã, no momento da visita a Cesar, que ainda permanecia no C.T.I., Manuela segurava na mão do pai, quando sentiu um leve aperto em sua mão. Ela, emocionada, chamou pelo enfermeiro a fim de noticiar esse sinal que considerava muito importante.

Após aquela manhã, houve melhora no estado de saúde de Cesar, pois ele já abria os olhos, porém não conseguia articular palavras. Mexia levemente as mãos, e diante daquela pequena melhora foi transferido para o quarto, onde a esposa e a filha poderiam permanecer junto a ele.

Os amigos e companheiros da Casa Espírita se organizavam para levar o seu apoio fraterno e ainda para oferecer o passe diariamente àquele irmão de jornada. A melhora era lenta, mas notória.

Enquanto todos esses fatos ocorriam na Terra, na Espiritualidade Mariana e Antero oravam a Jesus, suplicando ajuda ao filho querido, que conforme percebiam se preparava para concluir sua experiência terrena. Eduardo, que participava de grupos socorristas, comparecia diariamente junto ao leito do pai, trazendo-lhe recursos energéticos, somando seus sentimentos ao grupo dos tarefeiros encarnados. Dessa forma, o trabalho realizado pelos médiuns tinha a colaboração do grupo socorrista, do qual Eduardo fazia parte. Eram momentos de muita luz naquele quarto. Tatiana e Manuela também participavam de todo aquele trabalho de amor realizado pelo grupo encarnado e pelo grupo desencarnado.

Cesar, apesar de apresentar melhoras, não conseguia se comunicar com palavras, entretanto, seu olhar tinha expressão enigmática. Olhava fixamente para Manuela, e em alguns momentos, lágrimas rolavam em seu rosto. Nesses momentos, novamente um leve movimento de mão parecia dizer que ele estava lutando pela vida. Esse esforço que fazia acabava deixando-o exausto, e um pouco agitado.

Tatiana e Manuela já estavam conscientes da gravidade do caso e sentiam de forma intensa a presença de Eduardo. Cesar também sentia a presença do filho, mas não conseguia se expressar. Nesses momentos se acalmava e chegava a dormir com serenidade.

O quadro espiritual era profundamente tocante. Eduardo conversava com Cesar-espírito, procurando acalmá-lo, fazendo com que ele se sentisse amparado. Assegurava ao pai que aqueles momentos preparatórios para sua grande viagem seriam de grande valia. E assim, preparava-se o desligamento daquele espírito de seu veículo carnal.

Naquela noite, Tatiana e Manuela solicitaram permissão para ficar no quarto, pois sentiam que algo aconteceria. O ambiente estava diferente, e mãe e filha buscavam no Evangelho o amparo necessário. Ao abrir o Evangelho leram o capítulo "Meu Reino não é deste mundo". Aquela mensagem consoladora deu a elas a certeza de que Jesus as preparava para a separação, que era inevitável.

Manuela fez a leitura em voz alta e Tatiana, orando com muita fé, segurava nas mãos de Cesar. Sentiu que Cesar começou a apertar sua mão, e pediu, então, que Manuela se aproximasse. Ela, no impulso, beijou carinhosamente a fronte de Cesar, e sem saber por que, disse:

– Meu pai querido, saiba que eu sempre o amei, ontem, hoje, e no futuro sempre o amarei. Não importa se o passado carrega acontecimentos dolorosos, mas importa que o presente nos dá a chance do recomeço. Perdoe-me se lhe causei algum sofrimento, e se em algum momento não soube entender os acenos divinos apontando-me a direção correta.

Naquele instante, o olhar de Cesar externava enorme tranquilidade, e as lágrimas escorreram silenciosamente. Manuela e Tatiana compreenderam que ele ouvira as palavras ditas, e o beijaram com imenso carinho. Cesar fechou os olhos, e elas perceberam sua respiração muito leve, quase imperceptível. Chamando imediatamente a enfermagem, rapidamente os médicos adentraram ao quarto, mas Cesar desligava-se em definitivo daquele corpo que o acompanhou em mais uma experiência terrena.

Ao mesmo tempo, o quarto estava inundado por energias serenas. Mariana, Antero, Eduardo, Francisca, Irmão Juvêncio formavam a equipe de recepção que o aguardava. Cesar, fora do corpo físico, sentiu leve torpor que o deixou um tanto confuso.

Como acontece em toda desencarnação que ocorre de maneira natural, e dentro da bondade do Pai Maior, a Espiritualidade socorrista dá continuidade ao processo normal de desligamento. Para tanto, é necessário que o procedimento de acolhida ocorra de forma equilibrada, amparando-se o recém-desencarnado em suas sensações naturais. Obviamente, o sono reparador que auxilia no processo de desligamento total, cria barreiras naturais que impedem que os sentimentos e as vibrações de dor dos familiares, normais para esse momento de separação, não atinjam o recém-chegado.

Assim, Cesar foi conduzido ao Hospital Espiritual, onde recebeu os cuidados necessários para que os reflexos daquela enfermidade fossem, paulatinamente, extirpados de seu Perispírito, possibilitando-lhe oportunidade de adaptação àquele novo modelo de vida.

Decorrido aquele período que Allan Kardec descreve com muita clareza em *O Livro dos Espíritos*, e que é denominado de Perturbação Espiritual, Cesar recobrou sua consciência plena, iniciando assim nova fase dentro de sua condição de espírito imortal.

Os bondosos tarefeiros do Hospital que o acolheram, bem como o carinho com que foi atendido pelos seus familiares, proporcionaram a Cesar adaptação rápida ao plano espiritual. Dentro de pouco tempo foi autorizado a deixar o hospital, seguindo assim para a mesma Colônia onde já viviam seus pais.

Irmão Juvêncio, espírito generoso que tinha ligações de amor profundo com aquele grupo familiar, dava continuidade à tarefa de esclarecimento a todos os seus componentes. Com o retorno de Cesar, o grupo estava quase completo, sendo necessária ainda a total superação dos entraves seculares que impediam a completa harmonia entre eles.

Na Colônia Espiritual onde estavam reunidos, Antero e Mariana já realizavam algumas tarefas. Eduardo, por sua condição espiritual, estava integrado a outro plano, tendo como sua responsabilidade o acompanhamento de alguns grupos de trabalho na Terra. Mesmo assim, estava em constante contato com os avós e com o pai.

No momento aprazado, Cesar também foi convidado a participar da retrospectiva de suas últimas reencarnações. Mariana o encorajou bastante, visto já ter passado por aquela experiência, e Antero procurou passar todo seu aprendizado diante daqueles momentos que são da maior importância para todos. Os pais cercavam de todo carinho aquele filho que retornava para seu convívio.

Chegado o dia tão aguardado, Cesar foi ao encontro de Irmão Juvêncio, sendo recebido também com todo carinho pela sempre generosa Francisca, que igualmente tinha ligações antigas não somente com Cesar, mas também com todos os membros daquela família espiritual.

As reencarnações que já haviam sido apresentadas a Antero, à Mariana e a Eduardo também ocupavam todo aquele Projeto de conscientização pelo qual Cesar deveria também se inteirar. Foram emoções profundas que arrancaram lágrimas sentidas, fazendo com que ele se voltasse para dentro de si e vasculhasse em suas lembranças momentos que marcaram de forma indelével toda a sua trajetória espiritual.

Mas, foram as lembranças que envolviam Manuela que mais o impressionaram. Ao ter noção clara de suas vivências com aquele espírito, que tal como ele, carregava grandes débitos, e que ele, por invigilância, errara mais uma vez, sentiu-se arrasado. Ao ter consciência de que Manuela fora a mesma Débora de quem ele tirara a vida física, em momento de profunda insensatez, percebeu que a Lei de Amor lhe dera novamente a oportunidade do reajuste.

Tinha apenas sentimento de consolo e gratidão. Recordou que ao adotar Manuela, sentiu que aquele compromisso era seu, e mesmo sem entender a razão, sabia que tinha responsabilidade para com aquela pequena criança. Desde o primeiro encontro foi tomado por emoção diferente, inexplicável. Naquele momento tudo ficava muito claro. Era um reencontro promovido pela Lei do Amor que lhe deu oportunidade de iniciar o processo de reajuste, tantas vezes adiado.

Quando tudo isso lhe foi mostrado, perguntava qual era sua ligação com Tatiana, que sempre solícita e amorosa participara de sua vida de uma maneira carinhosa e protetora. Teria sido ela também prejudicada por ele, ou por Manuela?

Para seu alívio, Irmão Juvêncio o informou que Tatiana era um espírito preparado para tarefas de amor, e que por algumas vezes já havia sido sua mãe, e também já havia recebido

Manuela como filha, em outras vivências. Retornara desta vez com o propósito de ajudá-los na convivência pacífica, e a prova disso era a dedicação que tinha com Manuela, e a decisão pela adoção, mesmo antes do casamento dos dois.

Cesar, após todas as revelações, pediu tempo para digerir todas aquelas informações. Solicitou ao Irmão Juvêncio a permissão para visitar Tatiana e Manuela, ocasião em que foi orientado a se preparar um pouco mais, pois o retorno ao antigo lar seria revestido de emoções para as quais ele ainda não estava preparado.

Foram várias semanas de estudo, orações e esforço no sentido de aprender a conviver com seus pensamentos e lembranças. A preparação, sempre orientada pelos Tarefeiros do Amor, grupo de trabalho que se dedicava a preparar as visitas de retorno ao mundo material, seguia rápida e produtiva.

Finalmente, chegou o dia da grande viagem ao antigo lar. Era domingo, e logo pela manhã Tatiana e Manuela se preparavam para ir ao Centro Espírita, onde tinham tarefas definidas. Tatiana era evangelizadora, e estava radiante com seu trabalho. Ela era responsável pela turma Meimei, composta por crianças de quatro a sete anos. Manuela atendia às pessoas que necessitavam de apoio psicológico, tarefa a que se dedicava já há algum tempo. Ambas assumiram seus compromissos com grande responsabilidade.

Enquanto ambas tomavam o café da manhã, conversavam sobre seus planos futuros, foram envolvidas naquele instante por agradável saudade, e simultaneamente disseram:

– Como seria bom se ainda estivéssemos com toda família reunida. Que falta nos faz papai e Eduardo, disse Manuela.

Tatiana sentiu os olhos marejarem e a emoção as envolveu, porém sem angústia.

Naquele momento, mãe e filha silenciaram e sentiram no fundo de seus corações que estavam recebendo a visita de Cesar. Emocionadas, agradeceram a Deus por aquele presente, e Tatiana serenamente disse:

– Querido companheiro, nosso desejo é que você esteja muito bem, e saiba que o amor sempre estará presente em nossas vidas, onde quer que nós estejamos.

Manuela apenas acompanhou as palavras da mãe, concordando silenciosamente. Foram instantes de grande felicidade, em que elas sentiram que realmente a morte é apenas um instrumento divino para o sublime recomeço em um outro plano.

E, naquele estado espiritual de profunda serenidade, dirigiriam-se ao Centro para a tarefa dominical.

Cesar visitou as dependências de seu antigo lar, emocionando-se diante de cada lembrança, mas conseguiu manter seu equilíbrio, pois contava com o amparo de Francisca que o acompanhava. Seguiram para o Centro Espírita, onde acompanhariam as tarefas da manhã. Naquele momento, com muita alegria, se juntaram a Eduardo que desde a noite anterior permanecia naquela Casa de Oração, em tarefa de socorro. Foram momentos de inenarrável felicidade em que Cesar, ao lado do filho, sentia toda a alegria da convivência fraterna que era proporcionada naquela Casa, onde aqueles que já se dedicavam ao bem do próximo tinham muitas oportunidades de trabalho.

O retorno à Colônia foi tranquilo e Cesar percebeu que Manuela, na companhia de Tatiana, estava em segurança, pois a condição espiritual daquela que fora sua esposa não deixava dúvidas de que estava em tarefa de auxílio, embalada pelo amor.

A partir daquele dia Cesar deu início aos seus estudos a respeito da Lei de Causa e Efeito, com o objetivo de analisar profundamente toda sua caminhada de deslizes, ocasionando tantos dissabores. Sentia que tinha muito a aprender, e principalmente que deveria se preparar com muito afinco para iniciar a tarefa de reparação dos vários desatinos praticados ao longo do tempo.

A cada ensinamento que lhe era oferecido, percebia o quanto havia desrespeitado as Leis do Amor. O arrependimento pelas falhas cometidas foi solidificando sua certeza de que precisaria voltar à vida material no momento certo. Diante da constatação de seu comportamento mais afetivo e responsável, demonstrado na reencarnação ocorrida há tempos atrás em país africano extremamente pobre, sentiu nova esperança. Estava convicto de que se prepararia para enfrentar provas difíceis e, então, se propôs a buscar todos os recursos necessários para lutar contra sua impetuosidade.

Se ele teve capacidade para se resignar diante das perseguições daquela época, lutando bravamente para defender seu irmão e dar a ele segurança e amor, por que não teria condições de, no tempo certo, resgatar seus deslizes, e reparar as falhas que cometera, especialmente com relação à Manuela?

Cesar idealizou seu futuro, e procurava trabalhar duro, no sentido de modificar seu interior. Após algum tempo, Irmão Juvêncio o convidou para as primeiras tarefas socorristas, que seriam desempenhadas em região umbralina. Diante daquele convite sentiu certo receio em não saber como se comportar, porém o bondoso mensageiro o incentivou a iniciar o trabalho, colocando como requisito básico o sentimento do amor.

No dia aprazado, Cesar estava preparado para seu primeiro trabalho, buscando forças na oração matinal. Dirigiu-se ao Posto de Atendimento, de onde sairia a caravana fraterna. Mariana que também faria parte do grupo já se encontrava no local, pois desde algum tempo estava em tarefa em outro posto de trabalho.

capítulo 27

Uma vida de amor, carinho e dedicação

Decorridos dez anos da desencarnação de Cesar, a vida na Terra seguia sem grandes alterações. Tatiana continuava em suas tarefas doutrinárias e sociais, enquanto Manuela seguia em direção ao aprimoramento profissional. Por cinco anos residiu em Londres, onde buscou seu crescimento no campo da psicologia, carreira que ela amava e que lhe deu muitas alegrias.

Estava prevista a chegada de Manú naquele final de semana. A mãe a recebeu com esfuziante alegria, e ambas puderam colocar em dia todas as novidades. Manuela retomou suas atividades, tanto em seu consultório quanto na Casa Espírita. Empenhou-se muito em administrar seu tempo para poder se dedicar às tarefas que assumira junto ao Orfanato que a abrigou, nos seus primeiros dias de vida.

Naquele momento em que se sentia capaz de gerir sua vida, tinha um forte desejo em poder oferecer carinho e segurança aos pequeninos que porventura fossem colocados neste mundo físico em condições idênticas à sua. Dessa forma, dedicava várias horas de sua vida ao trabalho social. Contava com a ajuda da mãe que já não tinha a mesma saúde, porém era dotada de boa vontade e amor.

Tatiana era amada por todos, em especial pelas crianças a quem ela dedicava imenso carinho. Suas atividades no Centro Espírita precisaram ser interrompidas, pois ela já não conseguia se locomover com tanta facilidade. Continuava participando da evangelização apenas no Orfanato, para onde a filha a conduzia, com muito carinho.

Assim foi a vida de Tatiana e Manuela durante uma década, até que em uma manhã fria Manuela ao adentrar ao quarto da mãe para lhe dar bom dia, levando o cafezinho que ela tanto gostava, percebeu que ela estava com o rosto marmorizado. Sentiu um calafrio, e se aproximando um pouco mais verificou que ela não respirava.

Amadurecida pela vida, Manuela conseguiu manter o equilíbrio, e ajeitou o corpo da mãezinha, já sem vida, e buscou, então, auxílio dos amigos que eram inúmeros, para tomar as providências devidas. O amor que Tatiana havia semeado formou enorme família espiritual em que ela encontrou muito carinho e apoio, em especial após a partida de Cesar.

A Espiritualidade ali presente, mais uma vez reuniu os afetos queridos ao seu coração. Recolhendo o precioso fardo a mãezinha Tereza, juntamente com os amigos espirituais, acolheram aquela vitoriosa filha que cumprira de maneira ímpar o compromisso assumido. Presentes Eduardo, Cesar, Mariana e Francisca, emocionados, juntavam seu carinho ao amor de Tereza que naquele momento estava grata ao Pai Criador, pois sua filha havia deixado o corpo físico durante o sono.

O despreendimento de ordem material de Tatiana proporcionou seu desligamento com extrema facilidade. O amparo espiritual a conduziu ao Hospital Fraternidade e Luz, onde recebeu os primeiros cuidados, antecedendo seu despertar como espírito imortal.

Enquanto Tatiana-espírito era conduzida por seus familiares queridos à sua nova vida, Manuela era consolada pelos amigos que ela também conquistara. Os trâmites normais do velório, do sepultamento reuniram grande número de pessoas, incluindo muitos jovens que na sua infância haviam sido evangelizados por aquela que naquele momento partia.

O retorno ao lar, agora vazio, fez com que Manuela passasse várias horas analisando sua vida, desde as lembranças dos tempos de criança. Recordou-se de sua juventude, dos sentimentos controversos que alimentou em alguns períodos de sua vida, dos questionamentos que fez por várias vezes, tanto a seu pai Cesar quanto à sua mãe Tatiana. Por muito tempo, sentada na sala, não percebeu que o dia já se findara, e ali adormeceu vencida pelo cansaço e pela emoção.

Logo que se despreendeu do vaso físico, teve a alegria de

ser abraçada por Eduardo, seu irmão querido. Ela chorava emocionada por aquele encontro, perguntando de imediato se ele já havia se encontrado com sua mãe. Queria saber como estava Tatiana e fez muitas perguntas ao mesmo tempo.

Eduardo, pacientemente conduziu a irmã a local aprazível, onde serenou seu coração, informando que Tatiana estava em repouso, recebendo assistência médica. Manuela, que embora fosse uma estudiosa da Doutrina Espírita, ainda não entendia bem o porquê de assistência médica, se a mãe, no caso, já havia deixado o corpo físico. Eduardo calmamente explicou a ela que os procedimentos do desligamento corpo/espírito são lentos, e que os reflexos deixados pela matéria precisam ser desfeitos, cabendo essa tarefa aos médicos espirituais.

O encontro entre os dois irmãos foi muito importante para Manuela. Ao despertar já pela madrugada ela se deparou com a nova realidade, porém sentiu-se tranquila, serena. Dirigindo-se ao seu quarto buscou Jesus pela prece e agradeceu ao Mestre pela proteção espiritual merecida à Tatiana, deixando o corpo físico daquela forma tão natural. Em suas orações, rogando forças ao Pai Maior, pediu sinceramente que ela, Manuela, encontrasse um caminho para continuar seus dias na Terra.

Após as orações, adormeceu novamente, pois o cansaço ainda pesava bastante. E, mais uma vez, recebeu o auxílio da Espiritualidade quando se reconheceu nas dependências do Orfanato e percebeu que não estava sozinha na sala. Estavam também ali no Orfanato o seu pai Cesar e a sua avó Mariana. Os abraços foram afetuosos e emocionados. E, naquele momento de grande fraternidade Mariana se dirigiu a Manú, com muito amor, dizendo:

– Neta amada, é chegada hora de você assumir o compromisso estabelecido antes mesmo de seu retorno a Terra. O Orfanato está aguardando sua dedicação integral e é chegada a hora.

Ao despertar o sol já estava alto. Foram horas de descanso merecido após tantas emoções vividas com a desencarnação da mãezinha querida. Manú tinha plena noção de que não era a primeira vez que se encontrava com Tatiana na Terra, pois o carinho e a proteção com que a mãe lhe devotava deixava entrever que havia entre elas um elo muito forte. Ela tinha plena convicção de que ao ser adotada por Cesar e Tatiana cumpria-se uma programação previamente estabelecida, da qual ela não conhecia os detalhes.

Tão logo deixou o leito, começou a se recordar dos encontros que tivera durante a noite. Lembrou-se que estivera com o irmão Eduardo e também com vovó Mariana. Tinha igualmente vaga lembrança de que tinha ido até ao Orfanato, onde fora acolhida, contudo, sem noção do que ali se passara. Começou a se esforçar para se recordar do sonho.

Algo bem no fundo do coração lhe dizia que deveria ir até ao Orfanato. Sabia que dona Eulália já não estava muito bem, pois já estava com a idade avançada. Ela nem pôde comparecer aos funerais da querida amiga Tatiana, por conta das dores imensas que sentia. Mesmo assim, continuava presidindo o Orfanato, pois ali estava toda sua vida de dedicação e de trabalho no bem.

Ao chegar, notou que as crianças estavam bastante entristecidas, e logo perguntou pelo motivo daqueles semblantes tão desanimados. De imediato, Célia, uma das jovens que ali fora acolhida por dona Eulália, informou a Manuela que a querida tia Lalá, como era chamada carinhosamente pelas crianças, não estava nada bem. Célia relatou a Manú os pormenores da situação debilitada em que se encontrava dona Eulália. Já não havia alegria, pois as brincadeiras não tinham graça sem a presença de tia Lalá.

Quando Manuela chegou ao quarto da bondosa Eulália sentiu forte emoção. Por um momento, reviu sua trajetória tal como lhe foi mostrada pela mãe Tatiana, que tudo revelara à filha com relação ao seu nascimento, à adoção, à convivência naquele local de amor, enfim Manuela reviu os primeiros capítulos de sua história. Sua vontade foi beijar as mãos de dona Eulália, aquelas mãos que continuavam semeando amor.

Eulália, bastante enfraquecida, conseguiu se sentar no leito, convidando Manuela para se sentar ao seu lado. Ela emocionada disse:

– Querida, estava te esperando! Esta noite estive com minha querida Mariana que me tranquilizou quando disse que eu confiasse, porque você viria até aqui. Ela me avisou que iria lhe recordar de algo muito importante que havia sido planejado antes mesmo de sua reencarnação.

Manuela, em um relance, recordou-se do sonho da noite anterior. Realmente estivera com sua avó Mariana e agora registrava perfeitamente as palavras ditas com tanta sabedoria:

– O Orfanato está aguardando sua dedicação integral, e é chegada a hora. De imediato compreendeu o que tudo aquilo significava.

Após instantes de profunda emoção, dona Eulália e Manuela entenderam qual seria a missão de Manuela, a partir daquele momento. Não foi preciso dizer nada. O abraço de gratidão com que Manú envolvia dona Eulália selava aquela amizade e carinho que vinha ligando aqueles dois espíritos por muitas reencarnações.

capítulo **28**

Cuidando do orfanato

Manuela de imediato acomodou Eulália que já sentia profundo cansaço, pedindo que ela ficasse tranquila, pois ela ali estaria para velar o seu sono. Naquele momento a bondosa senhora sorrindo agradeceu todo aquele carinho e disse:

– Minha querida, eu sei que você irá conduzir esta nossa casa com todo amor e dedicação. Sinto que poderei fazer a grande viagem de retorno muito tranquila, pois os filhos amados que a vida me enviou, de agora em diante, estarão seguros, pois eles terão um coração nimbado de amor para conduzi-los, orientá-los e amá-los, tal como eu fiz por tantas décadas.

Manuela teve a certeza de que estava ali para iniciar um novo ciclo em sua vida. Sentiu-se ligada àquele local e no fundo do coração tinha plena convicção de que estava cumprindo um compromisso pré-estabelecido pela Espiritualidade.

Eulália pediu que Manú chamasse as crianças para junto delas. Sentindo suas forças revigoradas naquele momento especial, procurou se mostrar bem, e disse a todos aqueles amados filhinhos do coração que ficassem tranquilos, porque Manuela ali estava para lhes dar amor e proteção. Os mais velhos entenderam que algo muito grave estava acontecendo, os menores não tinham o alcance da realidade. Manú, procurando aparentar a calma que estava longe de sentir, convidou a todos que acompanhassem Célia para se prepararem para o almoço que seria servido.

Aquele dia foi marcante na vida de Manuela. Eulália sentia que poderia partir em paz, pois retornava ao lar aquela filha querida, cuja missão se iniciaria em direção à renúncia e ao crescimento espiritual.

Em poucos dias, Manuela conseguiu organizar sua vida, no tocante às providências materiais. Desocupou aquela casa onde cresceu, e que pertencia a ela, transferindo tudo o que ali havia para o Orfanato. Muitos eletrodomésticos e outros bens vieram auxiliar em muito a vida das crianças. Preocupou-se em alugar a casa, garantindo assim algum recurso para seu sustento, que somado ao auxílio a que tinha direito por ser filha de militar, e solteira, seria suficiente para sua subsistência e até viria contribuir nas despesas do Orfanato.

Manuela estava pronta para iniciar nova fase em sua vida.

Não abrira mão de atender aos seus pacientes na clínica psicológica, reduzindo suas atividades em apenas meio período. E, com a determinação de dedicar seu amor aos pequeninos, ela se transferiu para o Orfanato, fazendo com que dona Eulália sentisse que sua missão já poderia ser encerrada, pois seu cantinho de amor e luz já tinha alguém para conduzir com muito amor.

Depois de alguns dias Eulália se despedia da vida, logo após o momento da prece, que diariamente era feita por Manú e pela enfermeira, que bondosamente auxiliava na tarefa de cuidados para com aquela mãe amorosa que encerrava sua passagem pelo mundo físico.

Novamente, a tristeza e a dor visitavam o coração de Manuela. Ela se perguntava o porquê de seus afetos mais caros deixarem a vida física, fazendo com que ela se sentisse tão sozinha, apesar de estar cercada de amigos. Por alguns momentos questionava a si própria, perguntando à sua consciência o que teria feito para suportar tantas perdas. Mas, tinha um forte motivo para não sucumbir, tinha o conhecimento da vida espiritual, força que a fazia superar cada momento de dificuldade que enfrentava, desde o momento em que despertara para as verdades do Cristo.

A partida de Eulália trouxe muita tristeza ao coraçãozinho das crianças que viviam naquele Lar. Funcionários e colaboradores haviam convivido com aquela guerreira por várias décadas, aprendendo muito com seus exemplos de abnegação, renúncia e trabalho.

A participação de Manuela naquele momento foi de grande valia, pois trouxe aos pequenos a segurança que eles necessitavam. As palavras de Eulália quando apresentou Manuela ecoavam nos corações de todos eles.

Assim, o tempo foi colocando o bálsamo da resignação e da conformação em todos, e a vida seguia seu rumo natural. Tia Manú, como era chamada revelou-se de extrema dedicação a todos, pois se sentia em casa. Dentro de seu coração a serenidade era alimentada diariamente pelas orações. Os familiares queridos, na Espiritualidade, mantinham contatos constantes com ela, dando-lhe orientações e apoio diante daquela tarefa de amor para a qual fora preparada, com ajuda de muitos amigos espirituais.

A busca constante de ajuda para manter a boa qualidade daquele trabalho social proporcionou a Manuela maturidade que antes não possuía. Vários projetos começaram a ser elaborados por ela, e os desafios eram constantes. Mas, ela não desanimava diante das dificuldades.

Em várias ocasiões, pessoas bem situadas na cidade eram visitadas por ela, que buscava ajuda para manter o Orfanato, e para sua surpresa, não encontrava receptividade naqueles corações. Foram muitas as decepções, e por várias vezes ouvia com tristeza as justificativas que lhe eram apresentadas por aqueles que não queriam assumir compromisso de benemerência. Quantas vezes ela ouvia:

– Manuela, você deve procurar ajuda dos governantes! É para isso que eles foram colocados em seus postos! E com esse "sábio conselho" julgavam que já haviam feito sua parte.

Manuela não desanimava. Buscava sim o auxílio do poder público, mas não perdia a fé no ser humano, que em sua concepção ainda não sabia praticar a caridade. Aos poucos, foi mostrando um bom trabalho, e as parcerias começaram a surgir. O desenvolvimento intelectual e o desenvolvimento moral das crianças eram visíveis, e a comunidade começava a se sensibilizar com aqueles jovens que recebiam amor e educação.

Dentro de poucos anos, Manuela teve a alegria de ver o fruto de seu trabalho. Alguns jovens, concluindo o ensino médio já buscavam o trabalho profissional. Dois deles tinham o ideal de cursar a faculdade, e o apoio de Manuela e dos demais lhes proporcionaram essa felicidade.

A vida estava mais estabilizada, pois cinco dos jovens que já tinham atingido a maioridade, ao invés de deixar aquele Lar, pediram para ficar alegando ser ali a sua casa. Conseguiram trabalho e colaboravam para o sustento dos menores, com enorme alegria. Formou-se uma grande e amorosa família. As moças estudavam e algumas trabalhavam, enquanto outras auxiliavam nas várias tarefas da Instituição.

Manuela sentia que estava cumprindo seu Projeto de Vida, da maneira como o tinha idealizado. Ela sentia que sua família eram aquelas crianças e jovens. Estava feliz em fazer parte daquele grupo, e no seu coração habitava a certeza de que dessa vez não iria falhar.

Em muitas ocasiões, quando reunida com todos aqueles filhos do coração na tarefa do Evangelho do Lar, sentia-se envolvida pelo amor de Tatiana, que por várias ocasiões inspirou palavras de incentivo e amor a todos que ali estavam. A fé que fortaleceu suas decisões a colocou em constante sintonia com Espíritos Superiores, e dessa maneira, sempre buscava orientações a fim de tomar decisões necessárias diante das necessidades dos seus "filhos".

Manuela estava consciente de que nessa existência não formaria uma família, como sonha a maioria das moças. Sua família eram as crianças e jovens daquele Lar, disso ela tinha certeza absoluta. E, na Espiritualidade, Eulália continuava a trabalhar junto daqueles que tanto amava, fortalecendo com seu carinho aquele grupo de espíritos que há várias reencarnações estavam juntos.

capítulo **29**

O aprendizado continua

Se Manuela estava conseguindo atingir os objetivos desta atual reencarnação, na Espiritualidade também o grupo familiar ao qual ela se ligava também vinha buscando oportunidades de trabalho e de aprendizado. Após vários anos de trabalho junto às equipes socorristas Antero, Mariana e depois Cesar muito puderam aprender com os ensinamentos de Francisca, Irmão Juvêncio e outros bondosos instrutores. Em todos os momentos de orações, pediam a Jesus que fortalecesse Manuela, para que ela pudesse superar as antigas mazelas que a fizeram distanciar-se por muito tempo do verdadeiro amor.

Tatiana, após um período junto a Cesar, na Colônia Espiritual, onde estavam também Mariana e Antero despediu-se daquele grupo tão querido, pois novas tarefas a esperavam em outra região da Espiritualidade. Por muito tempo Tatiana já havia contribuído com seu amor e carinho naquele local, para onde retornaria, e de onde se ausentou para reencarnar na missão de conciliar os afetos queridos do seu coração, que eram Cesar e Manuela. Ali já se encontrava o amado Eduardo, espírito iluminado que também havia participado daquela tarefa de amor, para a qual ambos foram convidados por Irmão Juvêncio e Francisca.

Permanecendo no trabalho socorrista que tanto amavam – Mariana, Antero e Cesar se encontravam ao final de cada jornada, nas reuniões em que luminares do amor se dispunham a trazer a todos os habitantes da Colônia ensinamentos de grande valia, que os preparava para o futuro.

Nesse clima de aprendizado conseguiram mutuamente o perdão incondicional que lhes trouxe a alegria da libertação dos aguilhões que por séculos os prendera às sendas da ignorância e do ódio. Mas, sabiam também que se entre eles já havia a amizade e o amor, havia também muitos percalços a superar. Nos vários descaminhos de suas vidas, muitos débitos ainda existiam com relação a outros compromissos por muitas vezes adiados.

Após três décadas de trabalho incansável no Orfanato, Manuela começou a sentir alguns sintomas que começaram a preocupá-la. Relatou à médica que a acompanhava já há vários anos, os seus desconfortos, essa lhe solicitou alguns exames. O diagnóstico apontava um câncer no útero, que precisaria ser tratado intensivamente, por se tratar de um tipo bastante agressivo.

Manuela passou pela cirurgia, marcada com bastante rapidez, e em seguida as sessões de quimioterapia tiveram início, na tentativa de dar-lhe qualidade de vida. Por pouco mais de um ano, Manuela submeteu-se a todos os procedimentos necessários sem, contudo, encontrar a cura para o corpo físico.

Os amigos da Casa Espírita, sempre presentes, tiveram a dedicação costumeira ao levar os recursos do passe e do evangelho àquela guerreira que se mostrou ser uma mulher de muita fibra diante de todo o tratamento. Foi um período de muito sofrimento, mas Manuela, fortalecida pelos amigos encarnados e pelos familiares e amigos da Espiritualidade, superou com coragem aquela fase extremamente importante para o seu crescimento espiritual.

Tatiana velava pela filha naquela noite decisiva. Os médicos já haviam previsto que Manuela não teria como superar aquela situação terminal, e já haviam comunicado à Luciana a gravidade do momento, que esteve sempre ao lado da amiga querida.

Manuela, por muitos anos orientou Luciana, que fora criada ali no Orfanato, estudou administração de empresas, e tinha muita competência para dar continuidade àquela casa de amor. Era dotada de enorme carinho e amor por todos que ali viviam. Manuela estava absolutamente tranquila ao saber que seus queridos estariam entregues a alguém que os amaria muito, e que daria continuidade aos Projetos que ali eram desenvolvidos.

Durante a madrugada, Tatiana recebeu a visita de Eulália, de Mariana, de Cesar e de Eduardo que, juntamente com a equipe socorrista, vinham acolher Manuela em seu novo estágio de vida. Naquele instante, todos se uniram em oração, rogando ao Pai Criador por aquele espírito que havia cumprido sua tarefa de redenção. Foram momentos de grande emoção, e do coração de cada um partia eflúvios de imenso carinho em favor daquela que havia vencido parte de seus débitos perante a Lei de Causa e Efeito.

Os socorristas, cujo trabalho de desligamento espírito-matéria era desempenhado com enorme amor e caridade, iniciaram o despreendimento de Manuela. A iluminação daquele quarto era em tons azulados, trazendo ao ambiente paz e serenidade. Depois de certo tempo, Manuela estava definitivamente livre daquele corpo debilitado.

Enfraquecida e sem consciência, Manuela foi abraçada pelos familiares queridos, e em seguida conduzida ao mesmo hospital para onde, décadas atrás, sua amada mãezinha havia sido levada. A equipe amorosa acompanhou aquele trajeto já conhecido de todos, e após ter sido acomodada carinhosamente em seu leito, Manuela foi envolvida com a prece caridosa de todos, antes de se iniciar o processo de refazimento, necessário a todos, com vistas ao despertar consciente e sereno.

Diariamente, Tatiana passava algum tempo ao lado da filha querida. Conciliava suas tarefas de dirigente do pavilhão de recomposição mental, na Comunidade Terapêutica onde oferecia seu trabalho de amor, com as tarefas maternas, pois entendia que sua missão ao lado de Manuela ainda não havia terminado. Eduardo também levava diariamente seu carinho à irmã querida, e ambos aguardavam a qualquer momento o despertar de Manuela, que já havia superado os entraves iniciais da desencarnação.

Assim, pouco mais de um mês Manuela despertava para a nova vida. Seus olhos, ao encontrarem Eduardo e Tatiana, adquiriram o brilho da alegria e da felicidade. As lágrimas abundantes romperam o dique das emoções que por muito tempo fora contido, pois Manuela procurava não assustar seus pequenos tutelados enquanto estava encarnada. O quarto daquele hospital espiritual era nimbado de intensa luz naquele momento. O reencontro de espíritos que se amam irradia calor e luz, criando atmosfera extraordinariamente bela.

Não foi preciso dizer nada. Manuela, que havia estudado com afinco os assuntos da Espiritualidade, compreendeu perfeitamente a solenidade do momento. Tatiana e Eduardo, percebendo a sintonia de Manú apenas sorriram e a abraçaram com carinho, e assim algum tempo depois Eduardo, segurando as mãos da irmã amada, a convidou a se levantar e a caminhar até ao jardim.

A preocupação de Manuela a fez perguntar:

– Como eu vou caminhar até ao jardim, com os trajes com que me encontro? Preciso encontrar minhas roupas, se é que tenho alguma...

De imediato, Tatiana a socorreu, esclarecendo que no Plano Espiritual os recursos mais preciosos de que dispomos são: a força da mente, a vontade e o amor. E, dessa forma ensinou à filha como plasmar a vestimenta que desejasse naquela nova etapa de sua vida. Manuela, então, lembrando-se dos estudos a respeito de como funciona a vida prática no mundo espiritual, vestiu-se adequadamente. Sentiu-se um pouco insegura, mas, mesmo assim, acompanhou a mãe e o irmão até ao jardim. Foram momentos emocionantes, em que pôde constatar a veracidade do que lhe falavam os livros da Codificação kardequiana e outros, igualmente esclarecedores, que teve a ventura de estudar enquanto reencarnada.

Manuela ficou ainda por mais alguns meses no Hospital de Recuperação, e depois foi transferida para a ala destinada aos espíritos plenamente conscientes de sua realidade espiritual a caminho de outras tarefas.

No dia da despedida, ela agradeceu muito aos bondosos enfermeiros e médicos pelo acolhimento, dedicação e carinho. Ficou sensibilizada com tudo, expressando o desejo de voltar como colaboradora. Ao deixar o pátio do Hospital novas surpresas a aguardavam.

À sua espera estavam vovó Mariana e Cesar. Foi um reencontro muito emocionante. Tatiana e Eduardo, com o pensamento ligado a Jesus, emitiam vibrações de amor unindo aqueles corações que, na condição de espíritos desencarnados, não tinham a barreira da matéria como proteção às antigas lembranças. Sabiam que dentro de algum tempo recortes de vida, referentes à antiga trama em que Manuela e Cesar haviam sido protagonistas, seriam apresentados à Manuela.

* * *

Manuela seguiu o processo normal de adaptação ao mundo espiritual. Iniciou os estudos assistindo palestras esclarecedoras, buscando orientações importantes. Aos poucos, Manuela foi se inteirando de que quando se sentisse preparada, haveria de solicitar a exposição de suas últimas existências, com a finalidade única do conhecimento. Sabia que seriam momentos da maior importância para a continuidade de seu amadurecimento espiritual. Ainda temia esse reencontro com seu passado, pois intuía que revelações muito importantes abalariam seus sentimentos.

Os encontros com Eduardo e Tatiana lhe deram muito fortalecimento, pois se sentia muito amparada quando estava ao lado deles. Percebia que Cesar e Mariana estavam mais distantes, apesar dos encontros semanais nas palestras que ela tanto valorizava. Não entendia ainda todos os meandros daquela Organização Espiritual. E, foi após uma palestra extraordinária, proferida por um espírito iluminado, que aprendera a amar e a respeitar quando reencarnada, que ela tomou a importante decisão.

Naquela noite, o venerável Bezerra de Menezes falou àquela imensa assembleia de espíritos em aprendizado, a respeito da necessidade de enfrentarmos nossos desafios. Lembrou a todos que Jesus, o Sublime Peregrino, está sempre ao nosso lado, seus irmãos menores em sabedoria, em cada momento de dificuldade. Nunca nos abandona, mesmo quando nós não o procuramos por meio das orações.

Foi após o incentivo que recebeu ouvindo aquelas palavras carinhosas, pronunciadas pelo venerável Mentor, que Manuela informou à sua mãe Tatiana que procuraria Irmão Juvêncio, o responsável por toda aquela Colônia, para pedir que ele autorizasse seu "momento de reflexão" como era chamado aquele procedimento. E, na manhã seguinte Manuela se dirigiu ao Salão Azul, onde o bondoso Instrutor realizava seu trabalho de amor. Ao vê-la externou grande alegria e a convidou a se sentar.

Manuela informou a Irmão Juvêncio se sentir preparada para aquela empreitada, após ter participado da assembleia maravilhosa ocorrida na noite anterior. Com bondade na voz, o

Instrutor a advertiu de algumas surpresas que poderiam, nesse procedimento, abalar seus sentimentos, mas também a incentivou a se fortalecer na oração e a enfrentar o momento atual que lhe abriria novas portas para futuras realizações.

Ficou, então, convencionado que naquela tarde Irmão Juvêncio, juntamente com Tatiana e Eduardo, iria aguardá-la com muito carinho para juntos darem cumprimento àquele compromisso com o futuro. E no horário aprazado, reuniram-se aqueles espíritos unidos pelo sublime vínculo do amor, para mais uma tarefa de esclarecimento.

Antes de iniciar a retrospectiva, Irmão Juvêncio proferiu sentida prece, envolvendo Manuela em vibrações de equilíbrio, no que foi acompanhado por Tatiana e Eduardo. Manú sentia-se segura e amparada pelas energias com que era envolvida pelos seus queridos familiares, fortalecendo-a de modo significativo.

Assim, naquela tela enorme em que ela comparava a uma projeção em 3 D, que conhecera em sua existência física, teve início as cenas mais importantes de sua reencarnação remota em que desposara Julian. Reviu os filhos, as lutas acerbas enfrentadas, e todas as suas ações vivenciadas naquela existência. Reviu várias existências, inclusive aquela que lhe foi muito marcante, ocorrida em país africano.

Mas, no momento em que teve início sua existência como Débora, sentiu-se trêmula, amedrontada. Inconscientemente, já sentia que revelações graves estavam prestes a acontecer. Nesse momento, sua mãe Tatiana se aproximou, segurando suas mãos com carinho. No decorrer daquelas cenas lágrimas abundantes inundavam seu semblante.

Foram instantes muito emocionantes. Manú, ao rever o

seu nascimento, a infância e a juventude ela estava, de certo modo, tranquila, mas no momento em que se viu frente a frente com Cesar, sentiu-se desfalecer. Aquele era seu pai! Como poderia ser? Alguém poderia lhe explicar o que significava tudo aquilo? Irmão Juvêncio interrompeu a sessão, e calmamente se dirigiu a Manuela, dizendo que era muito importante que ela buscasse Jesus para poder tomar conhecimento de sua existência anterior. Todo o grupo se colocou em oração.

Sabia que seria preciso coragem, e já sentia que suas forças retornavam. Assim, as cenas de sua vida como Débora foram retomadas. Ela reviu toda a curta duração do casamento entre ela e Cesar. Ficava claro o sentimento que nutria pelo esposo. Para sua decepção os envolvimentos amorosos com Danilo também lhe foram apresentados. Ao rever o dia em que conhecera os pais de Cesar, recentemente, seus avós, conseguiu compreender porque, como Débora não sentiu nenhuma afinidade com eles, chegando mesmo a ter sentimentos de aversão.

Chegado o momento mais importante daquela existência, ou seja, o instante em que as cenas do crime praticado por Cesar seriam reveladas, mais uma vez Irmão Juvêncio pediu a proteção do Mestre Jesus àquele espírito que ali se encontrava para importante aprendizado. E assim, na presença amiga de Tatiana, de Eduardo e de Irmão Juvêncio, Manuela tomou conhecimento da ação praticada por Cesar. A sua desencarnação ocorrida de forma violenta foi apresentada com todos os detalhes.

O período em que ela se aproximou de Cesar, em imenso processo obsessivo foi relembrado, e também o julgamento veio à tona – o depoimento de Danilo, a absolvição de Cesar, e todo aquele período tão sofrido para todos, tudo se tornou transparente. Era um oceano de informações e ela sentia que ainda faltava uma parte muito importante.

Surgia então a pergunta:

– Por que reencarnei tão rapidamente?

Irmão Juvêncio, com toda a bondade que lhe era peculiar, explicou que Francisca, que a amava muito, intercedeu junto à Espiritualidade para que ela não se comprometesse ainda mais nas sendas do ódio. Como era sua intenção se vingar de Cesar, de todas as formas que lhe fossem possíveis, a querida mãezinha de outras eras dedicou-se com muito amor a demovê-la do sentimento de vingança, mas percebeu que era um esforço em vão.

Manuela começou, então, a resgatar aquelas lembranças, e tudo começou a ficar muito claro em sua mente espiritual.

Ao rever todo o mal causado a Cesar, enquanto esteve na Erraticidade, ou seja, desprovida do corpo físico, começou a compreender por que o retorno ao mundo físico trouxera oportunidade de resgate. Manuela reviu os preparativos para a reencarnação, os cuidados que Francisca e os abnegados irmãos do departamento reencarnacionista se dispuseram, a fim de que ela pudesse retornar em local onde fosse possível o reencontro com Cesar e Mariana.

Tudo lhe foi mostrado, com riqueza de detalhes, e a cada fato novo ela sentia que a reencarnação como Manuela, sendo abandonada no orfanato e adotada por Cesar e Tatiana, tinha sido de grande valia para sua regeneração moral. Revia os cuidados de Mariana, desde o primeiro instante em que a vira. Observou que a vontade imensa em cuidar daquele bebê que, imediatamente, brotou tanto no coração de Cesar, quanto no de Mariana, tinha uma razão muito forte. Verificou que Tatiana, recém-casada, aceitou sua adoção com muito amor.

Enfim, Manuela, após todas aquelas revelações, pediu a Irmão Juvêncio não somente oportunidade de reflexão acerca daqueles fatos tão importantes, mas esclarecimento de muitas dúvidas que pairavam em sua mente. E, ao se despedir, agradeceu emocionada.

Tatiana e Eduardo acompanharam Manuela aos seus aposentos na Colônia e gentilmente a deixaram a sós, para que pudesse meditar a respeito de tudo o que acabara de saber. A se ver só Manuela chorou copiosamente diante de toda aquela longa trajetória de erros. Como foi possível ter se comportado em tantas ocasiões de forma tão leviana? Contudo, na imensa bondade de Jesus, reviu em seus pensamentos a bondosa Francisca que era realmente um espírito muito iluminado. Mentalmente pediu-lhe auxílio.

E, como o pensamento é força presente e atuante, Francisca se apresentou com toda sua bondade e carinho, abraçando aquela filha de outras eras. A luminosidade da bondosa Benfeitora envolveu o ambiente e Manuela sentiu-se muito feliz. Recordou-se que por várias jornadas aquele espírito que ali se encontrava fora o seu anjo tutelar. Por muito tempo aqueles dois espíritos permaneceram recordando fatos importantes de seu passado, extraindo muitas experiências marcantes.

Após várias horas, Francisca bondosamente disse à querida Manuela:

– Minha menina, agora que você está aqui é tempo de renovação. Todo o passado vivenciado só deve acrescentar conhecimentos para o futuro. Não devemos nos apegar às lembranças que deprimem, mas sim reavaliar cada uma delas, e recomeçar.

– Brevemente, você irá se reencontrar com Cesar, Mariana e Antero e juntos irão retomar a vereda luminosa do perdão sincero e verdadeiro, pois cada um de vocês foi de certa forma, agraciado com oportunidades de reajuste para com a Lei do Amor.

Manuela sentiu que aquele encontro seria de muita importância, e pediu a Francisca que a deixasse se preparar antes de qualquer coisa. A bondosa senhora, calmamente, a tranquilizou dizendo que tudo tem seu momento certo. Após algumas horas de reconforto, Francisca se despediu, deixando que Manuela se refizesse de tantas emoções. Por um longo tempo Manuela resgatou as lembranças que naquele momento faziam parte do seu presente. Refletiu bastante acerca de tudo o que havia se passado, e com toda sinceridade que já reinava em seu coração, suplicou a Jesus forças necessárias a fim de pedir perdão a Cesar por ter sido causadora de tantos desatinos. Tinha plena consciência que seu comportamento fora leviano e o maior causador da desdita que se abateu sobre ele. Se anteriormente ela o responsabilizava por tudo, ao se deparar com todas as verdades que lhe foram reveladas, pôde compreender que ambos tinham muitas arestas ainda a aparar.

Passados alguns dias e Manuela solicitou ao Irmão Juvêncio que promovesse o encontro dela com Cesar. Inicialmente, desejava conversar com Cesar antes de se reencontrar com Mariana e Antero. O benfeitor generoso aguardava aquela atitude de Manuela para dar início ao processo de reconciliação espiritual de ambos.

capítulo **30**

Amor salutar

Assim, Cesar foi convidado por Irmão Juvêncio para ter uma longa conversa. Os fatos mais importantes de toda a longa trajetória foram analisados e ao final do encontro Cesar estava convicto de que precisava pedir perdão a Manuela, o quanto antes.

Finalmente, o encontro foi marcado. Cesar e Manuela foram conduzidos a aprazível quiosque, onde o canto dos pássaros inundava o ambiente de paz, e o perfume das flores enfeitava a paisagem. As preces de Francisca e de Tatiana formavam ao redor daqueles dois espíritos em processo de redenção uma aura de suavidade. E, no momento em que ambos se avistaram a emoção reinou em seus corações, pois sabiam que haviam errado muito em várias existências.

Ao se verem frente a frente, conscientes de todas as situações vividas por ambos, sentiram um forte impulso em se abraçar, e pedir perdão um ao outro. Foram momentos comovedores, em que as lágrimas de arrependimento lavaram toda a nódoa de rancor que ainda pudesse existir em seus corações.

Naquela troca de sentimentos puros ambos se libertaram em definitivo de qualquer impulso de vingança ou de ódio, que por vários séculos os impediu de ser felizes.

Compreenderam que o amor fraterno que Jesus nos ensina tinha germinado em seus corações nessa última reencarnação em que, como pai e filha, puderam experimentar várias situações de renúncia, dedicação e fraternidade. Passados os primeiros momentos impactantes puderam conversar com serenidade, inicialmente agradecendo reciprocamente pelo amparo que ambos, cada um em seu momento, foi capaz de oferecer ao outro.

Irmão Juvêncio os encontrou no momento adequado para selar aquele novo modo de vida que Cesar e Manuela se dispunham a iniciar. Ambos sabiam que o trabalho fraterno e solidário seria a ferramenta necessária para o progresso de cada um. E, incentivou os seus queridos pupilos a se reunirem com Mariana e Antero que os aguardavam no salão das luzes, a fim de se confraternizarem naquele dia tão importante na vida de todos. Para sua felicidade, ali estavam também Tatiana, Eduardo e Francisca completando assim aquele grupo que havia se comprometido há muito tempo a burilar suas almas no cadinho da dor e da renovação.

O salão das luzes assim se chamava por irradiar várias tonalidades em suas paredes, teto e chão. Essas tonalidades variavam conforme a vibração emitida por aqueles que ali estivessem. Naquele momento, tonalidades da cor verde-água eram visíveis em todo o ambiente. Aquele grupo de espíritos que finalmente se reencontrava estava preparado para novos desafios. O perdão havia nascido naqueles corações, e as lutas acerbas enfrentadas por cada um fizeram com que a maturidade fosse alcançada por todos.

Formando um círculo, Francisca, Mariana, Antero, Tatiana e Eduardo deram as boas-vindas a Cesar e Manuela, abraçando-os com muito carinho. Irmão Juvêncio convidou a todos para orar ao Mestre da Vida, e elevando seu pensamento, iniciou sua prece:

Mestre querido, Sublime Orientador destes irmãos menores, que somos todos nós. Aqui se reencontra hoje este grupo que muito se ama, mas que alguns deles se perderam pelas estradas tortuosas da traição, da crueldade, do crime, da insensatez, do ódio, e após ter recebido do Pai Criador várias oportunidades de reajuste, finalmente conseguiu libertar-se dos sentimentos mesquinhos que os aprisionaram por longas eras. Senhor das nossas vidas, receba estes espíritos que estão dispostos a dar um novo rumo em suas caminhadas, dando-lhes a oportunidade bendita do trabalho redentor, e possibilitando a cada um a renovação de sua conduta, direcionando seus objetivos para o serviço do amor ao semelhante.

Naquele instante todos compreenderam que uma nova era se iniciava ali. Irmão Juvêncio comunicava a todos que para cada um já estava reservada a oportunidade do serviço redentor. Informou que Francisca, Tatiana e Eduardo seriam os orientadores de Cesar, Mariana, Manuela e Antero, e que dessa forma, a família permaneceria ligada pelos sentimentos ali reafirmados, embora as áreas de atuação fossem diferentes, para cada um deles. A alegria era geral, e a expectativa de poderem iniciar sua nova tarefa revelava semblantes de imensa felicidade.

Embora todos estivessem vivendo na mesma Colônia, daquele momento em diante, para atender aos novos propósitos de aprendizado e de trabalho, alguns seriam transferidos para outros locais, onde poderiam cumprir os novos compromissos com mais afinco.

No coração daquele grupo havia uma certeza: sempre estariam ligados pelo amor. E, como demonstraram Tatiana, Eduardo e Francisca, todos são capazes de desenvolver a renúncia, a compreensão, o perdão e o amor. A partir daquele momento, o objetivo de Cesar, de Mariana, de Manuela e de Antero era adquirir conhecimento por meio do estudo e do trabalho, mas também tinham como propósito se ajudar mutuamente, em qualquer situação.

E, ao vê-los dispostos à redenção pelo amor, Irmão Juvêncio, envolvendo a todos com seu olhar generoso, sorriu com suavidade, dizendo:

– Queridos, preparem-se com todo empenho para que no momento adequado o Pai da Vida possa reconduzi-los ao palco terreno, a fim de dar sequência ao processo evolutivo que é o objetivo maior na vida de todos. Que Jesus os abençoe e os conduza pelos caminhos do bem.

A autora cedeu os direitos autorais desta edição ao

CENTRO ESPÍRITA A CAMINHO DA LUZ
Av. Sapopemba, 648, São Paulo – Capital
CEP 03345-000
CNPJ 47.303.805/0007-63

RECANTO DO IDOSO
NOSSO LAR

Fundado há 14 anos, abriga 100 idosos (vovôs e vovós) em situação de abandono, apartados da família por razões diversas, que ali recebem assistência médica, psicológica, cuidados, carinho e principalmente amor, por meio dos funcionários e voluntários que se dedicam a esse atendimento filantrópico.

O Centro Espírita A Caminho da Luz promove campanhas permanentes a fim de oferecer a esses nossos irmãos uma vida digna e feliz.

O Recanto se encontra à Rua Serra Azul, 469, Vila Carmela – Bonsucesso – Guarulhos.

Essa é uma das 24 Unidades de Atendimento do Centro de Assistência e Promoção Social Nosso Lar.

Conheça essa Obra de amor.

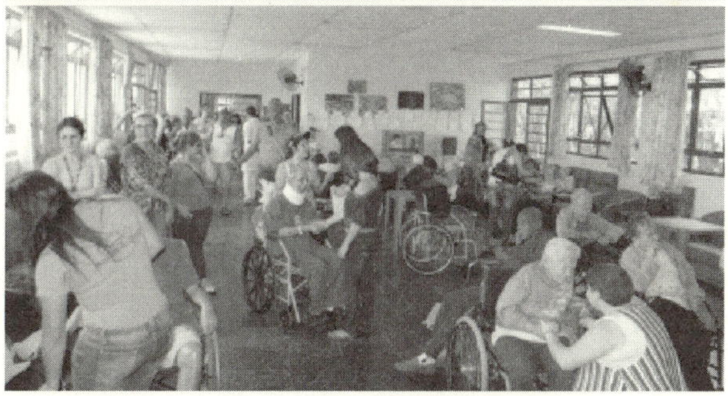

Missão: "Promover acolhimento digno ao idoso, nos aspectos físico, mental e ocupacional, dando a ele a oportunidade de vivenciar a melhor idade."

www.capsnossolar.org.br
www.centroacaminhodaluz.com.br

Este livro foi impresso na
LENA GRÁFICA EDITORA LTDA.
Viela Urga, 144 – Bonsucesso
CEP 07175-332 – Guarulhos – SP
Fone: (11) 2088-9191 – Fax: (11) 2088-9192
lenagrafica@lenagrafica.com.br – www.lenagrafica.com.br